lonely planet

DE CERCA
VALENCIA

Lucy Lovell

Sumario

Puesta a punto 4

Arriba: gárgola de la Lonja de la Seda (p. 58).
Abajo: Ciudad de las Artes y las Ciencias (p. 83).

Explora Valencia 33

Guía práctica 143

DESDE LA IZDA.: ALAIN LAUGA/SHUTTERSTOCK ©, MARIA ALBI/SHUTTERSTOCK ©

★ Imprescindible

El viaje empieza aquí

Fue visitar Valencia y empezar a soñar con vivir aquí. Me llevó varios años lograrlo, pero el ritmo de vida, la elegante arquitectura y las deliciosas tapas eran un estímulo muy potente. Subestimado hasta tiempo reciente, este soleado destino ha progresado a pasos agigantados. Su arquitectura ha emergido con firmeza y las iniciativas de turismo han experimentado un rápido desarrollo. Además, Valencia ha procurado crecer con sensatez, dando prioridad a su patrimonio, la población y el medio ambiente. A diferencia de otras ciudades, aquí se persigue un modelo de turismo sostenible, lo cual es una magnífica noticia tanto para los visitantes como para los residentes.

Lucy Lovell
@lucy.ann.lovell
Nacida en Devon pero afincada en Valencia, Lucy es autora de *The 500 Hidden Secrets of Valencia*.

Hemisfèric (p. 84), Ciudad de las Artes y las Ciencias.

LO MEJOR

Experiencias culinarias

La gastronomía ocupa desde hace siglos un lugar central en la identidad valenciana. Probar platos tradicionales, como la paella o los buñuelos, es parte fundamental de cualquier visita a la ciudad.

Ver a un buñolero de cuarta generación friendo buñuelos en la **Buñolería El Contraste.** Las masas resultantes, elaboradas con calabaza y espolvoreadas con azúcar, saben a gloria para desayunar. (p. 100)

La Pérgola, una cafetería sin pretensiones pegada a una rotonda, es un referente local en lo relativo al *esmorzaret* (segundo desayuno valenciano). Hay que pedir su legendario bocadillo "superbombón". (foto arriba izda.; p. 114)

A la hora del almuerzo, el olor a cordero asado lo impregna todo en **Maipi,** todo un referente local de las tapas desde 1983, decorado con viejas fotografías desvaídas y bufandas de equipos de fútbol. (p. 101)

La paella preferida de Ernest Hemingway y de un sinfín de valencianos la sirve **La Pepica,** cuya sabrosa carta va acompañada de vistas al mar y 100 años de historia. (foto arriba dcha.; p. 126)

Dcha.: paella valenciana de marisco.

LO MEJOR

Galerías de arte

Desde magistrales edificios llenos de arte contemporáneo a minúsculas galerías independientes, Valencia presume de una ecléctica escena artística que solo se descubrirá del todo si se le dedica suficiente tiempo.

El **Museo de Bellas Artes,** en un antiguo seminario, tiene una cantidad ingente de pinturas clásicas, incluidos numerosos lienzos rebosantes de luz firmados por Joaquín Sorolla. (p. 110)

Prácticamente carente de rótulos y con una puerta que permanece cerrada, **Gabinete de Dibujos** es un lugar fácil de pasar por alto. Basta pulsar el timbre para acceder a uno de los espacios de exhibiciones más pequeños de la ciudad. (foto arriba izda.; p. 100)

El **Institut Valencià d'Art Modern** ofrece una buena ración de arte contemporáneo de todo el mundo. No hay que perderse la sala de la Muralla, donde podrá verse una sección de la muralla del s. XIV. (foto arriba dcha.; p. 73)

El **Centre del Carme Cultura Contemporània** es una extensa galería con claustros del s. XIII y exposiciones consagradas a la cultura local. (p. 76)

Dcha.: Centre del Carme Cultura Contemporània (p. 76).

LO MEJOR

Arquitectura

Espectaculares obras arquitectónicas se revelan por doquier en esta ciudad con varias joyas de talla mundial, y en la que en unos minutos se pasa de un centenario mercado gótico a edificios modernistas y futuristas.

Admirar las florituras *art déco* de **La Filmoteca,** teatro de la década de 1940 en la plaza del Ayuntamiento. (foto arriba izda.; p. 45)

Mosaicos de naranjales y taquillas de madera adornan la **Estación del Norte,** ejemplo de arquitectura modernista. (p. 44)

Contemplar las gárgolas de la **Lonja de la Seda,** un antiguo mercado reconocido por la Unesco por su emblemático estilo gótico. (p. 58)

Majestuoso y solemne, en el **Ayuntamiento** puede explorarse la ampliación modernista diseñada por Francisco Mora Berenguer. (foto arriba dcha.; p. 46)

La **Ciudad de las Artes y las Ciencias,** estrella indiscutible de Valencia, es una parada indispensable. Tras la visita, una buena idea es descubrir otras obras menos conocidas del arquitecto Santiago Calatrava repartidas por la ciudad. (p. 83)

Dcha.: Ciudad de las Artes y las Ciencias (p. 83).

LO MEJOR

Museos

Miles de años de historia han moldeado las calles de Valencia dando lugar al paisaje urbano que se aprecia en la actualidad. La mejor forma de ahondar en este pasado es visitando alguno de los museos de la ciudad.

El **Museo de la Seda** permite comprender el impresionante comercio que existía en torno a esta materia prima antes de tomarse una caña en el patio. (p. 37)

Los antiguos refugios antiaéreos que quedan en la ciudad son importantes reliquias de la Guerra Civil. En las paredes del **Refugio de la Guerra Civil** se conservan dibujos de los bombarderos realizados por niños. (foto arriba izda.; p. 77)

Conocer en detalle la historia de las Fallas en el **Museo Fallero,** donde se exhiben los bellos *ninots* indultados. A los amantes del diseño les encantarán los carteles de fiestas de la década de 1930. (p. 89)

Explorar patios renacentistas y encontrarse cara a cara con un caimán embalsamado en el **Real Colegio Seminario de Corpus Christi,** situado en una coqueta plaza. (foto arriba dcha.; p. 40)

Dcha.: Claustro del Real Colegio Seminario de Corpus Christi (p. 40).

CHARLES BRUTLAG/SHUTTERSTOCK ©

LO MEJOR

Vida nocturna

En Valencia, la oferta noctámbula se caracteriza por su sencillez; la buena música y la compañía es lo que importa. Se suele salir hasta las tantas para poder hacer una ronda completa por los mejores bares.

Tomar unas cervezas en el **Splendini Bar i Discos** mientras los DJ bailan *bebop* con sus amigos entre tema y tema. (p. 91)

Vivir el glamur a la vieja usanza en **Aquarium,** donde los martinis, su especialidad, representan una manera fantástica de calentar motores. (p. 88)

Gran Martínez es un sitio genial para disfrutar de un Bloody Mary con raro funk egipcio de fondo. (p. 129)

Testigo de incontables noches de desenfreno, el **Bar Centro Excursionista** deleita a la clientela con palomitas y bandas de *rock* en un ambiente tenue. (p. 139)

Frecuentado por una sofisticada parroquia, **Hifi** es la clase de sitio donde el equipo de sonido es tan importante como la música que este reproduce. (p. 139)

LO MEJOR

Ir de compras

Comprar alimentos en Valencia es un placer gracias a sus históricos mercados. Pero el talento local no termina ahí: hay que descubrir las mejores marcas, el vino y el café en los encantadores *delis* y selectas *boutiques*.

Comprar los melocotones más jugosos jamás vistos y los pescados más frescos en el **Mercat Central,** uno de los mercados más bellos del mundo. (p. 56)

Hacer acopio de jamón y café tostado *in situ* en el más pequeño **mercado Rojas Clemente,** con un bar que sirve unos bocadillos únicos. (p. 137)

Cribar un sinfín de vinilos en **Discos Oldies,** la más antigua de su clase en la ciudad y promotora de un reputado festival de música. (p. 46)

Las coloridas láminas de artistas locales de **The Espanista** son geniales como recuerdo; lo suyo es comprar una botella de vermú y unas cuantas postales. (p. 79)

En el **mercado de Russafa** aguardan puestos rebosantes de descomunales tomates de la tierra, insectos comestibles y una gran sección de algas. (p. 97)

Mercado de Russafa (p. 97).

LO MEJOR

Cocina contemporánea

Una nueva generación de chefs ha reinventado la cocina tradicional mediante la incorporación de nuevos sabores. Desde cocina japonesa-mediterránea a alta cocina con un punto *hippie*, las vanguardistas propuestas son sinónimo de una extraordinaria experiencia epicúrea.

La Salita (p. 104).

En el interior de un enigmático cubo negro se halla **Gallina Negra,** con menús degustación dominados por los sabores tradicionales. (p. 127)

Ser uno de los 10 privilegiados comensales que pruebe la sublime cocina japonesa-mediterránea de Toshiya Kai en **Toshi.** (p. 68)

Probar el cambiante menú elaborado con productos de mercado en **2 Estaciones.** Sale muy a cuenta su menú exprés de almuerzo. (p. 103)

En **La Salita** espera la alta cocina sin pretensiones de Begoña (apodada la "*hippie* con una estrella Michelin"). Si el presupuesto no alcanza para pedir el menú degustación completo, siempre cabe reservar una mesa y tomar unos cócteles acompañados de picoteo. (p. 104)

El talento del equipo de **El Observatorio** salta a la vista en este distendido bistró de barrio merecedor de una visita. (p. 139)

Lo mejor para niños

Dejar que los niños campen a sus anchas en el **Parque Gulliver,** una zona infantil con cuerdas para escalar y trepidantes toboganes que rinde tributo al protagonista del famoso cuento de Jonathan Swift. (p. 115)

Los críos podrán escalar literalmente las paredes del **Hippolatte Café,** donde además de haber una zona de juegos de dos plantas, no falta el café y la cerveza para los papás. (p. 102)

Los columpios delante del **Bar-Restaurante Rojas Clemente** son una bendición para los padres ávidos de hincarle el diente a un bocadillo de época. (p. 137)

Tyris on Tap tiene una fórmula infalible: cerveza artesana que sabe mejor todavía cuando se ve a los peques juguetear alegremente con otros niños. (p. 69)

Con estanterías repletas de libros, **Kaf Café** es un buen sitio para pedir unas bravas mientras los niños se desfogan en los toboganes que hay afuera. (p. 114)

Lo mejor gratis

Sentir el estremecedor temblor fruto de la quema de 330 kg de pólvora con motivo de la **'mascletà',** el ensordecedor espectáculo pirotécnico que se celebra a diario en la plaza del Ayuntamiento durante las Fallas. (p. 46)

Pasar una sosegada tarde paseando entre nenúfares y plantas de romero en el **Parque Central** de Russafa. (p. 101)

Ver emocionarse a miles de falleras y falleros al agasajar a la patrona local durante la **Ofrenda de Flores.** (p. 64)

Asomarse al venerable balcón del **Ayuntamiento,** normalmente reservado a autoridades y famosos durante las Fallas. (p. 46)

Descubrir el **Sporting Club Russafa,** un antiguo almacén que alberga una galería de arte donde se puede ver cómo trabajan los artistas. (p. 99)

Niños y mayores adoran el **Festival de Cometas,** una divertida cita gratuita que tiene lugar junto al mar. (p. 126)

Tres días perfectos

La comida es siempre un aliciente, tanto si se trata de una paella junto a un arrozal o de un colorido mercado. Hay que explorar la ciudad tras el ocaso: su elegante arquitectura luce todavía más por la noche.

Mercat Central (p. 56).

PRIMER DÍA

Si solo se dispone de un día

MAÑANA

Empezar la jornada en el **Mercat Central** (p. 56), una obra maestra del modernismo donde aguardan enormes tomates y ostras sobre hielo. Comer deliciosas tapas en **Central Bar** (p. 56).

TARDE

Remontar los 207 escalones que suben al campanario de la **catedral de Valencia** (foto; p. 53) y visitar el **Centre del Carme Cultura Contemporània** (p. 76), un atractivo monasterio convertido en galería de arte.

NOCHE

Descubrir el espíritu bohemio de **Russafa** (p. 95) haciendo una ruta por sus tiendas y galerías de arte. Cenar un menú degustación de temporada en **2 Estaciones** (p. 103) antes de tomarse una cerveza a ritmo de funk poco convencional en vinilo en **Splendini Bar i Discos** (p. 91).

DESDE LA IZDA.: MAZUR TRAVEL/SHUTTERSTOCK ©, PIO3/SHUTTERSTOCK ©, ELENA ROSTUNOVA/SHUTTERSTOCK ©, MAJONIT/SHUTTERSTOCK ©

SEGUNDO DÍA

Un fin de semana

MAÑANA

Almorzar en **La Pérgola** (p. 114) el bocadillo "superbombón" seguido de un *cremaet*. Recorrer en bici el **Jardín del Turia** (foto), un parque de 9 km cuajado de baobabs y floridas praderas, que antaño fue el cauce del río. Detenerse en la **Ciudad de las Artes y las Ciencias** (p. 83).

TARDE

Poner rumbo a la playa de la **Patacona,** con una sucesión de restaurantes y chiringuitos frente al mar. Pedir un licuado o relajarse en los sofás turquesa de **La Más Bonita Chiringuito** (p. 129).

NOCHE

Probar fresquísimas *cloxinas* y cava local en **Mercader** (p. 128), antes de saborear los particulares margaritas de **Gran Martínez** (p. 129).

TERCER DÍA

Una escapada

MAÑANA

Dedicar un día al Parque Natural de **La Albufera** (foto; p. 92). Tras llegar en autobús, se reserva un paseo en barca por la laguna o se alquilan unas bicis para hacer una ruta entre juncos.

TARDE

Disfrutar de una plácida comida en **Bon Aire** (p. 93), ideal para paladear una insuperable paella al pie de un arrozal. Darse un baño en la agreste playa de **La Devesa** (p. 93).

NOCHE

Volver a la ciudad y dirigirse a la zona oeste. Pedir un auténtico ceviche en **El Observatorio** (p. 139) antes de ver tocar a un grupo local en el **Bar Centro Excursionista** (p. 139), con una llamativa barra respaldada por espejos y una máquina de palomitas retro.

Con más tiempo

Comprobar qué eventos coinciden con las fechas del viaje. Podrían ser las **Fallas** (p. 24), que incluye la emotiva **Ofrenda de Flores** (p. 64); el festival de música organizado por la incombustible **Discos Oldies** (p. 46); o la **Fiesta de la Alcachofa** (p. 25), una cita apta para todos los públicos.

Acercarse a locales gastronómicos históricos, como la **Buñolería El Contraste** (p. 100) o bares clásicos de tapas como **Maipi** (p. 101), **Bar Ricardo** (p. 138) o **Bar Ché Taberna Vasca** (p. 89).

Trazar un recorrido que combine el **mercado Rojas Clemente** (p. 137), el **Mercat Municipal del Cabanyal** (p. 123) y el **mercado de Russafa** (p. 97).

Reservar tiempo para visitar las bodegas de **Requena** (p. 140). Alquilar un coche y dirigirse a su pintoresco casco antiguo. **Los Canilleros** (p. 140) es un magnífico alojamiento situado a 4 km de la antigua cava de **Murviedro** (p. 140), con una colección de ánforas del s. XVIII. Visitar la **Bodega Sierra Norte** (p. 141), que destaca por su mentalidad y vinos ecológicos.

Las Fallas (p. 24).

Una excursión

Desde la Estación del Norte hay 35 min en tren a **Sagunto**, 28 km al norte de Valencia. Allí, desde el **castillo de Sagunto** (foto; p. 118), hay espectaculares vistas de la costa y del mar de naranjales.

Errar por las callejas del casco antiguo de Sagunto. Entrar en **Cerámicas Arse** (p. 119) en busca de jarrones pintados a mano o visitar el **Museo Histórico** (p. 119), con detalladas esculturas del s. I a.C.

Antes de emprender el viaje de regreso, es obligado pedir una tabla de quesos y charcutería local, más una copa de bobal, en la vivaz vinoteca y bar **Vivavins** (p. 119), o bien derrochar en **Arrels** (p. 119), premiado con una estrella Michelin.

En un día de lluvia

Guarecerse en las galerías de arte. En el barrio del Carmen está el **Institut Valencià d'Art Modern** (foto; p. 73), con ocho salas dedicadas al arte contemporáneo. También se puede charlar con los artistas del **Sporting Club Russafa** (p. 99) o buscar el diminuto **Gabinete de Dibujos** (p. 100).

De noche, se puede reservar una cata de vinos en **Proava** (p. 76), asistir a una lectura de poesía en **Kaf Café** (p. 114) o descubrir nuevos grupos musicales en alguno de los fantásticos pequeños locales que salpican la ciudad.

Prepararse

ANTES DE PARTIR

Un mes antes
Reservar entradas para conciertos de artistas famosos o los festivales de Marina Sur.

Una semana antes
Reservar mesa en restaurantes codiciados y entradas para conciertos menos multitudinarios, obras de teatro y ferias del vino.

Un día antes
Reservar al menos con un día de antelación una paella en restaurantes como Bon Aire en El Palmar.

Costumbres y consejos

Vida en la calle En Valencia se vive (y se disfruta) mucho en la calle: terrazas todo el año, ambiente de barrio, mercados tradicionales y vida comunitaria. El clima ayuda, pero también el carácter.

En los mercados En los puestos más tradicionales no suele hacer gracia que se hagan fotos sin comprar. Y ojo: está mal visto tocar la fruta.

A la mesa, con calma El servicio puede parecer acelerado, pero no es falta de atención: los camareros suelen llevar muchas mesas. La comida se disfruta sin prisas, empezando con unos entrantes para compartir.

La paella, solo a mediodía Pedir paella para cenar es casi un sacrilegio. Se toma solo a la hora de comer, mejor en domingo. Y sí, hay debate sobre si debe llevar caracoles o no.

Hora del 'esmorzaret' Entre las 10.30 y las 12.00, no se negocia, toca el *esmorzaret:* un almuerzo contundente, con bocatas de blanco y negro, *figatells,* longaniza o tortilla, acompañados de aceitunas, *cacaus del collaret* y, para rematar, un buen *cremaet.*

Sabores valencianos

Horchaterías Más allá de las horchatas industriales, las horchaterías tradicionales ofrecen horchata de chufa natural, mucho más auténtica y con un sabor inigualable. Hay excelentes opciones en el centro de la ciudad.

Agua de Valencia No es solo un vaso de agua, sino un cóctel emblemático de la ciudad. Se elabora con zumo de naranja natural, cava, ginebra y vodka. Perfecto para las noches valencianas, pero con moderación: su sabor dulce oculta su potencia.

Toque dulce La horchata siempre va acompañada de *fartons,* unos bollos alargados y esponjosos perfectos para mojar. Otro dulce tradicional es la coca de llanda, un bizcocho casero esponjoso con un toque de canela y azúcar.

PROPINAS

Valencia carece, en general, de una cultura de propinas. Al comer fuera, los valencianos no suelen dejar propina, a menos que queden especialmente satisfechos con el servicio, y aun así, eso solo se aplica a restaurantes (10%, aprox.), no a bares y hoteles.

PRESUPUESTO DIARIO

Económico Hasta 150 €

- Dormitorio colectivo: **25 €**
- Comida en restaurante sencillo: **15 €**
- Entrada a museo: **2 €**
- Billete de transporte: **3 €**

Medio Entre 150-500 €

- Habitación doble en hotel de tres estrellas: **90 €**
- Cena con vino: **35 €**
- Entrada a bar de *jazz:* **16 €**
- Entrada a punto de interés importante: **7 €**
- Taxi: **10 €**

Alto Más de 500 €

- Habitación doble en hotel de lujo: **250 €**
- Cena en restaurante con estrellas Michelin: **desde 200 €**
- Entrada para un musical: **50 €**
- Circuito guiado: **15 €**

Moneda
Euro (€)

Idioma
Castellano, valenciano

Hora local
GMT/UTC + 1 h (+ 2 h en verano)

CONSEJO

Se recomienda merendar un vaso de horchata con *fartons,* una combinación clásica y deliciosa en Valencia.

PAT_HASTINGS/SHUTTERSTOCK ©

Cuándo ir

Calurosa en verano y agradable en invierno, Valencia tiene buen clima todo el año. Los valencianos huyen del calor en julio y agosto, pero a los amantes del sol les fascina.

Los frescos días de invierno son ideales para dar largos paseos o ir en bici por las cercanas sierras, o animarse a patinar sobre hielo en la pista que instalan en la plaza del Ayuntamiento. Julio y agosto son los meses de más calor, cuando los residentes van a sus segundas viviendas junto a la playa; pero si se busca calor, no hay mejor época que el verano. En otoño se cosechan las emblemáticas naranjas de la tierra y, en adelante, nunca falta en la mesa del desayuno su zumo recién exprimido.

Grandes eventos

Marzo Se celebran las **Fallas** (15-19 mar), con estruendosos espectáculos pirotécnicos y gigantescas estructuras de madera. No hay que perderse la **Ofrenda de Flores** (p. 64), cuando miles de falleras y falleros vestidos con el traje típico agasajan a la efigie de 15 m de la Virgen de los Desamparados.

Mayo Se venera a la santa patrona local el **Día de la Virgen de los Desamparados** (segundo do may).

Junio Hogueras en las playas durante la noche del 23 de junio con motivo de la **Noche de San Juan;** por su parte, **Cinema Jove** proyecta películas internacionales en salas menos comerciales repartidas por la ciudad.

Julio Los Viveros se engalanan cada año para acoger los **Conciertos de Viveros,** al aire libre, celebrados a lo largo de todo el mes.

Clima

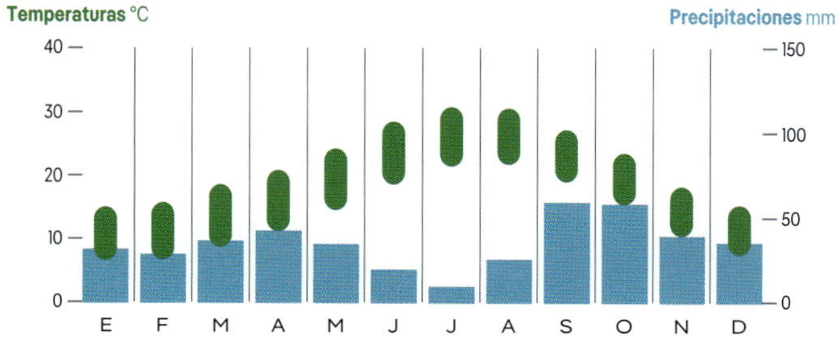

Ofrenda de Flores (p. 64).

Otras fiestas y eventos

Enero Se celebra la **Fiesta de la Alcachofa** en la plaza de la iglesia de Campanar. La jornada depara juegos, alcachofas en aceite de oliva cocinadas a la brasa, y mucha mistela. Suele tener lugar el último sábado de enero.

Abril La gran cita gastronómica de la **Mostra de Proava** se adueña del Jardín del Turia durante cuatro días de abril repletos de vinos de la tierra, quesos artesanos y zonas de juegos infantiles. Su popularidad obliga a reservar lo antes posible.

Junio Requena homenajea al cava en el evento **Requena es Cava.** Es la excusa perfecta para descubrir los mejores caldos de la región y escuchar grupos locales en directo. Queda a un cómodo trayecto en tren del centro de Valencia.

Junio El aroma a paella preparada al fuego de leña perfuma el ambiente de la plaza del Ayuntamiento el segundo fin de semana de junio, gracias a la presencia de los magníficos chefs que participan en **Tastarròs,** la gran fiesta del arroz. Entradas, 5 € (paella incl.).

CONSEJOS SOBRE ALOJAMIENTO

Las tarifas de muchos hoteles fluctúan en función a la demanda, pero suelen ser más elevadas los fines de semana. Los domingos y lunes son los días más económicos (hasta el 50% menos que los viernes). Algunos grandes establecimientos (p. ej., Las Arenas) bajan precios en noviembre y diciembre.

Cómo llegar

Muchos visitantes llegan a Valencia en avión, pero también hay trenes al centro de la ciudad y grandes cruceros.

Desde el aeropuerto al centro

En metro

Del aeropuerto de Manises a la estación de metro de Colón se tarda exactamente 21 min. Es un medio económico y sencillo: basta seguir los letreros de Metrovalencia (una "m" en un círculo rojo) desde el vestíbulo de llegadas. El aeropuerto está en la zona "+". Para ir al centro urbano hay que comprar un billete para las zonas AB+ (4,80 € sencillo). Hay frecuencias cada 15 min hasta las 23.57; y los sábados, servicios nocturnos adicionales a las 0.47, 1.35 y 2.07.

En taxi

El aeropuerto dista 12 km del centro, a una carrera en taxi de unos 25 € (20 min, aprox.). Hay que hacer cola en la parada de taxis situada delante de la terminal de llegadas, a mano izquierda. Por ir al aeropuerto se cobra un suplemento de 5,40 €.

En autobús

Un autobús circula entre el aeropuerto y el centro de Valencia, vía Manises y Mislata. Y aunque el metro es más rápido y fácil de utilizar, esta opción apenas cuesta 1,45 € (ida). El nº 150 presta servicio cada 26/35 min (lu-vi/sa). No circula domingos ni festivos.

Otros puntos de entrada

Puerto de Valencia

Varias empresas de ferris cubren la travesía a Valencia desde Mallorca, Ibiza y Menorca. La terminal de pasajeros de Trasmed es el principal punto de información. En los aledaños del puerto –a 5 km del centro– hay carriles-bici y paradas de autobús. Maritím es la estación de metro más próxima, a unos 20 min caminando.

Estación del Norte

La céntrica estación principal de trenes queda a corta distancia a pie del casco antiguo y de Russafa. Los trenes de alta velocidad AVE llegan a Madrid en 2 h.

Cómo desplazarse

El centro de Valencia es fácil de abarcar y muchas de sus grandes plazas son peatonales. El metro es eficiente y fácil de utilizar. Además, la ciudad es cada vez más accesible en bicicleta: pedalear es una forma divertida (y sostenible) de recorrer este destino, con arbolados carriles-bici sobre las calzadas y junto a ellas.

Metro

Valencia cuenta con una red integrada de líneas de metro y tranvía. Los billetes *(1 €)*, a la venta en las máquinas de las estaciones, han de conservarse durante el trayecto y recargarse según corresponda. La tarjeta SUMA permite viajar en metro, tranvía y autobús. Los servicios que atienden el área metropolitana operan cada 10-20 min hasta poco antes de las 24.00; un servicio nocturno reducido funciona hasta las 2.30.

A pie

Es la mejor forma de desplazarse por el centro (llano y con plazas peatonales). Los letreros de las calles pueden estar en castellano o en valenciano, o en ambos idiomas.

Autobús

Los autobuses están climatizados y son fácilmente accesibles. Las paradas suelen tener una pantalla que indica el tiempo que tardará en pasar el siguiente autobús. Al subir hay que validar la misma tarjeta utilizada para el metro. En total hay 12 líneas, también operativas durante toda la noche.

'APP' ESENCIAL

La aplicación de **Metrovalencia** tiene planos, permite planificar trayectos y cuenta con información sobre tarifas y horarios.

Bicicleta

A todo el mundo le encanta moverse en bici por la ciudad, pues hay montones de carriles-bici, tanto por parques como separados del tráfico motorizado. Valenbisi es la red municipal de alquiler de bicicletas *(13 €/7 días)*. Agencias de alquiler, como Happy Tourist Centre, ofrecen modelos más nuevos con casco por 12 €/día.

Escúteres eléctricos

Cualquiera puede alquilar los escúteres verde menta que hay diseminados por la ciudad: basta descargarse la *app* de Yego, rellenar el formulario (aportando el DNI y carné de conducir), y transcurridas 2 h, se podrá circular. En la caja trasera hay dos cascos guardados.

Tren

Si se tiene tiempo, vale la pena tomar un tren para explorar los alrededores. Los trenes de alta velocidad AVE cubren largas distancias en un santiamén (Valencia está a 2 h de Madrid y a 25 min de Requena-Utiel); los Cercanías llegan a lugares como Sagunto, Navajas o Requena.

Taxi

La tarifa general ronda 1 €/km; más los fines de semana o por la noche. Se puede para un taxi por la calle o a través de la *app* de Cabify *(0,80 €/km)*.

Información práctica

Billetes de metro, tranvía y autobús

En las estaciones subterráneas de metro y tranvía hay máquinas que venden billetes físicos *(1 €)* que podrán recargarse cuando sea preciso. Un sencillo cuesta 1,50/2,80/4,80 € por 1/2/3 zonas. También se puede comprar una tarjeta SUMA 10 por 8 € (más 1 € por la tarjeta) cargada con 10 viajes que pueden utilizarse indistintamente en el metro, los autobuses o los Cercanías de Renfe. Si se prevé usar varios medios de transporte durante la estancia, lo mejor será decantarse por la tarjeta SUMA 10.

Bonos para turistas

La Valencia Tourist Card permite hacer trayectos ilimitados durante 24 *(15 €)*, 48 *(20 €)* o 72 *(25 €)* h, e incluye varios extras, como la entrada al Museo de la Seda *(2 € normalmente) y* a las Torres de Serranos *(2 €)*, un 50% de descuento en la entrada al Institut Valencià d'Art Modern *(5 €)*, una copa de vino y una tapa en El Corte Inglés, y una cerveza en varios restaurantes (entre ellos, uno del Mercat Central). En visitvalencia.com se puede consultar el listado completo de descuentos.

Estancias largas: tarjetas y descuentos

SUMA T es otra opción interesante. Es más limitada que la Valencia Tourist Card, pero permite hacer trayectos ilimitados durante 24 *(4 €)*, 48 *(7 €)* o 72 *(10 €)* h. La Suma T+ cuesta 4 € más e incluye la parada del aeropuerto. Los menores de 10 años viajan gratis en el metro (máx. dos niños por adulto). En los autobuses no pagan los menores de 6 años.

MÁS INFORMACIÓN

Las estaciones de metro de mayor tamaño disponen de ventanillas de venta de billetes atendidas por un solícito personal.

PRECIOS

Alquiler diario de bicicletas
12 €

Tarifa mínima de metro
1,50 €

Billete de tren (solo ida, una zona)
1,80 €

BILLETES

	1 zona	2 zonas	3 zonas
Tren (ida)	1,80 €	2,05€	2,65 €
Metro (ida)	1,50 €	2,80 €	4,80 €
Autobús (ida)	1,50 €	-	-

ZONAS TARIFARIAS

A

La **zona A** corresponde al centro urbano y la zona marítima.

B

La **zona B** abarca municipios periféricos del interior, como Bétera, L'Eliana o Llíria.

+

La **zona +** está compuesta únicamente por el aeropuerto.

Tren de alta velocidad AVE.

Otra cara de Valencia

Referentes del arte callejero, reliquias de la Guerra Civil y símbolos que pasan inadvertidos: ojo a los tesoros ocultos.

Diminutas bicicletas

Al pasear por el casco antiguo hay que aguzar la vista para ver unas curiosas bicis hechas con trocitos de corchos, obra del artista callejero Bikedesuro y símbolo de la vida en Valencia: vino de la tierra, reciclaje y ecologismo.

Emblemáticos murciélagos

En edificios religiosos, alcantarillas, la fachada del Mercat Central... El murciélago es un símbolo local que se observa por doquier. Representado con las alas extendidas sobre el escudo de la ciudad, hay un par de leyendas que explican su origen. Una de ellas asegura que una de estas criaturas alertó a Jaime I de una invasión lanzada por los moros, lo que a la postre propiciaría la conquista de la Valencia morisca. También se dice que un murciélago se posó sobre su cabeza al pisar la ciudad por vez primera tras la conquista, y que el monarca lo interpretó como un buen augurio.

Atractiva tipografía

Durante la Guerra Civil (1936-1939), la ciudad fue objeto de frecuentes bombardeos, y hoy todavía se conservan varios refugios antiaéreos. El tipo de letra empleado en los rótulos debía ser llamativo y fácil de identificar, para que la gente pudiera localizarlos inmediatamente en caso de emergencia. El diseño geométrico de los caracteres estaba tan logrado que con el tiempo fue elogiado. Muchos han tratado en vano de dar con el diseñador que creó dicha tipografía.

FUERA DE RUTA

Visitar la **Casa de los Gatos** (p. 77) en el barrio del Carmen, construida por un artista local con los gatos callejeros de la ciudad en mente.

Escuchar el *jazz* más innovador en **La Vitti** (p. 115), un acogedor bar con música en directo y mucha solera.

Comprar las irresistibles trufas que elaboran las monjas del **convento de la Puridad y de San Jaime** (p. 64).

Ver bailar *lindy hop* (el más popular estilo de *swing*) a la gente de **Spirit Valencia** (p. 65) en la plaza del Doctor Collado.

ALFONSO DE TOMAS/SHUTTERSTOCK ©

Escudo de Valencia, Ayuntamiento (p. 46).

JOSE BLASCO PITARCH/SHUTTERSTOCK ©

Refugio de la Guerra Civil (p. 77).

Explora Valencia

Merece la pena

Circuitos a pie

Torres de Serranos (p. 76).
ALEXEY FEDORENKO/SHUTTERSTOCK ©

Sugerencias de lugares para comer, beber y comprar en **p. 48**

Explora
Sur de Ciutat Vella

Soberbios edificios e inconmensurables monumentos son la seña de identidad de la mitad sur de Ciutat Vella, donde la historia todavía resuena pese a ser la parte más remozada del casco antiguo. Su corazón, la plaza del Ayuntamiento, un elegante espacio consagrado a la política y el comercio, está bordeado de imponentes edificaciones, como la propia casa consistorial o la opulenta oficina de correos. Esta área coincide *grosso modo* con el barrio de Sant Francesc, así llamado por el enorme convento del s. XIII ubicado aquí hasta 1891 (cuando fue derribado tras haber sido abandonado a su suerte). Al este se despliega la animada oferta comercial de la calle de Colón, con marcas de renombre, inmaculadas *boutiques* y refinados cafés.

Cómo desplazarse

Autobús

Varias líneas cruzan la plaza del Ayuntamiento, cuyo perímetro está tachonado de numerosas paradas.

Metro

Todas las líneas pasan por la calle de Colón. Hay que apearse en la estación Colón para descubrir la zona de tiendas; Xàtiva es la más cercana a la plaza del Ayuntamiento y a la estación de trenes.

Bicicleta

La calle de Colón tiene un carril-bici, pero es una vía muy transitada en la que conviene extremar la precaución.

Ayuntamiento (p. 46).
DAVID CLAPP/GETTY IMAGES ©

LO MEJOR

LUGAR HISTÓRICO
Real Colegio Seminario de Corpus Christi (p. 40)

AZOTEA CON VISTAS
Atenea Sky (p. 44)

TESORO 'ART DÉCO'
La Filmoteca (p. 44)

HORCHATERÍA
Horchatería de Santa Catalina (p. 49)

BAR-CAVA
Ostras Pedrín (p. 49)

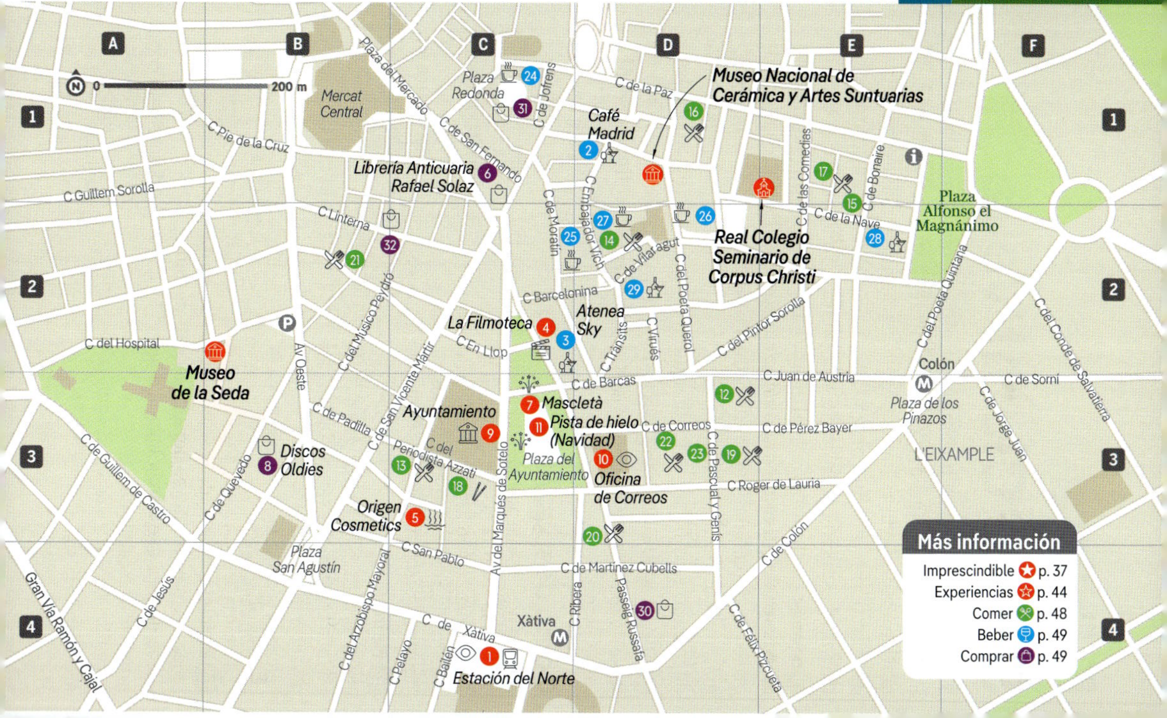
0 200 m
Mercat Central
Plaza del Mercado
Plaza Redonda
C de Jofrens
C de la Paz
Café Madrid
Museo Nacional de Cerámica y Artes Suntuarias
C Pie de la Cruz
C de San Fernando
Librería Anticuaria Rafael Solaz
C Guillem Sorolla
C Linterna
C de Moratín
C Embajador Vich
C de Vilaragut
C del Poeta Querol
Real Colegio Seminario de Corpus Christi
C de las Comedias
C de Bonaire
C de la Nave
Plaza Alfonso el Magnánimo
C Barcelonina
La Filmoteca
Atenea Sky
C En Llop
C Tránsits
C Virués
C del Pintor Sorolla
C del Poeta Quintana
C del Conde de Salvatierra
C del Hospital
Museo de la Seda
Av Oeste
C del Músico Peydró
C de San Vicente Mártir
C de Barcas
C Juan de Austria
Colón
Plaza de los Pinazos
C de Sorní
C de Jorge Juan
Ayuntamiento
Mascletà
Pista de hielo (Navidad)
C de Correos
C de Pérez Bayer
L'EIXAMPLE
C de Padilla
C del Periodista Azzati
Plaza del Ayuntamiento
Oficina de Correos
C de Pascual y Genís
C Roger de Lauria
Discos Oldies
C de Guillem de Castro
C de Quevedo
Origen Cosmetics
Av del Marqués de Sotelo
C de Colón
Plaza San Agustín
C San Pablo
C de Martínez Cubells
C del Arzobispo Mayoral
C Ribera
Passeig Russafa
C de Félix Pizcueta
Gran Vía Ramón y Cajal
C de Jesús
C de Xàtiva
Xàtiva
C Pelayo
C Bailén
Estación del Norte
Más información
Imprescindible p. 37
Experiencias p. 44
Comer p. 48
Beber p. 49
Comprar p. 49

★ IMPRESCINDIBLE

Museo de la Seda

Antes de existir los famosos naranjos de Valencia había campos llenos de moreras. El comercio de la seda era legendario, y los vestigios de esta época aún se observan, p. ej., en tradiciones conservadas con celo, como los vestidos y trajes de seda que lucen las falleras y falleros durante las Fallas.

PLANO: P. 36 **B2**

Orígenes

El **Museo de la Seda** *(museodelasedavalencia.com, 9 €)* hunde sus orígenes en el Colegio del Arte Mayor de la Seda, fundado en el s. xv con el propósito de aunar y consolidar el comercio local de la seda. Hubo una época en que la mitad de la población de Valencia trabajaba en este sector; no en vano, en 1767 había más de 5000 telares en el barrio.

La odisea de la seda

Con ayuda de una audioguía gratuita, la exposición esboza la historia de la industria a lo largo de tres siglos, detallando la fabricación de la seda, explicando el ciclo vital de los gusanos de seda, y mostrando antiguas rejillas de secado llenas de capullos de gusanos. A continuación se verán extraordinarias prendas valencianas confeccionadas con seda local, como corsés, medias, faldas y chalecos exquisitamente bordados.

Enrollado de seda

La última sala contiene antiguos telares de tamaño descomunal y otros, de menores dimensiones, que cobran vida durante las demostraciones de enrollado de seda que tienen lugar a diario. El viajero aprenderá a retirar las delicadas hebras de los capullos sumergiéndolos en agua caliente para, luego, enrollarlas en una bovina.

CONSEJO
Al final de la visita hay unas puertas de madera que dan a un pequeño patio con un bar-restaurante ideal para tomarse una caña de cerveza.

Escanea este código QR para información y horarios.

★ IMPRESCINDIBLE

Museo Nacional de Cerámica y Artes Suntuarias

Alojado en un coqueto y delicado edificio barroco, este llamativo museo dedicado al patrimonio local de la cerámica no dejará a nadie indiferente. Entre sus atractivos estrella figuran una escalinata de mármol, su empapelado de seda y una colección de platos turquesa pintados en el s. XIII.

PLANO: P. 36 **D1**

CONSEJO
Si bien los escalones tras la entrada dificultan el acceso de cochecitos y sillas de ruedas, hay un ascensor y un salvaescaleras, además de guardias de seguridad que se prestan a ayudar.

Escanea este código QR para horarios y reserva de eventos.

Historia

Aunque el edificio que ocupa este **museo** *(cultura .gob.es/mnceramica, 3 €)* se remonta al s. XV, los nuevos propietarios del palacio del Marqués de Dos Aguas –residencia en tiempos de una familia de la nobleza local– decidieron dejar su impronta sometiéndolo a la remodelación barroca-rococó a la que se debe su llamativa fachada actual. La puerta de entrada, tallada en alabastro, es obra del escultor valenciano Ignacio Vergara Gimeno. Destacan también las esculturas, incluidos –a ambos lados de la puerta, debajo de la Virgen del Rosario– un cocodrilo y un león que representan lo desconocido: peligros fuera del control de la religión. El agua que mana de dos vasijas anejas alude tanto al Júcar y al Turia como a las fértiles tierras de la región.

Ornamentación interior

En la planta baja se exhiben los carruajes pintados a mano que usaba la nobleza. Una escalinata de mármol de Carrara lleva a la 1ª planta (no hay que perderse el recargado techo de escayola con adornos florales en tonos pastel, ni el extravagante vestíbulo decimonónico, con ramilletes de caracolas y arañas de luces). Pasando junto a espejos con marcos dorados se llega a una sala de aire oriental

Carruajes pintados a mano.
DIGITALPEARLS/SHUTTERSTOCK ©

en la que ebanistas valencianos diseñaron armarios de estilo chino.

Embriagadora cerámica

La opulencia se disipa en la 2ª planta, dando paso a una reluciente colección de cerámica de primera, integrada por vasijas y cuencos que van de la época islámica medieval a la actualidad. Destacan una zafa del s. x pintada con un cervatillo esmeralda, una fuente del s. XII realizada con azulejos vidriados y un tondo del s. XVI que ilustra a la Virgen (adquirido en 1943 para evitar su venta al extranjero). En la sala de los ss. XVI y XVII se aprecia un envigado de lo más misterioso: el precioso techo pintado fue descubierto durante unas obras, pero lo singular es que el escudo de armas no corresponde a nadie que haya residido en el palacio. No hay que irse sin ver la sensacional cúpula oculta pintada por Hipólito Rovira.

UNA PAUSA
El cercano GOAT Coffee Store es un genial pequeño café que abre a diario; para recargar pilas lo mejor es pedir un *flat white*.

★ IMPRESCINDIBLE

Real Colegio Seminario de Corpus Christi

Situado en una apacible plaza alejada del bullicio, este antiguo centro educativo católico romano es uno de los puntos de interés más tranquilos de Valencia y, también, uno de los más encantadores. Lo mejor es dedicar una mañana a visitar esta recoleta joya que alberga un reptil oculto.

PLANO: P. 36 **E2**

CONSEJO
La entrada al museo y las capillas cuesta 5 € por persona y la visita guiada, 12 €; solo admiten pago en efectivo.

Escanea este código QR para horarios y comprar entradas.

Raíces eclesiásticas

Este **seminario** *(seminariocorpuschristi.org, 5 €)* lo fundó el arzobispo de Valencia Juan de Ribera, cuyo máximo deseo era que los curas recibieran una formación impecable, de ahí que creara este centro formativo de excelencia religiosa junto a la antigua sede de la Universidad de Valencia, en una ubicación que, para algunos, planteaba cierto desafío al secularismo científico que promulga esta institución. Construido entre 1586 y 1604, el edificio consta de un museo, dos capillas y un maravilloso patio con columnas de mármol traídas de Génova.

Interior

Arriba, el compacto **Museo del Patriarca** presenta una serie de objetos de gran carga religiosa, incluidas valiosas piezas de oro y plata, libros antiguos y un impresionante lienzo de Caravaggio. Entre sus reliquias se hallan manuscritos de Tomás Moro, realizados por el teólogo mientras esperaba a ser ejecutado en la Torre de Londres. El apacible claustro está rodeado de columnas de mármol; la capilla mayor luce un sinfín de azulejos de Manises (el famoso centro valenciano de la cerámica); y la más oscura y pequeña capilla del

Museo del Patriarca.
ANDREI RYBACHUK/SHUTTERSTOCK ©

Monumento está cubierta de preciosos frescos e intricados tapices del s. XVI. El horario de la capilla, limitado, depende de cuando se ofician las misas. La visita guiada *(entrada 5 €, visitas guiadas 10.30 vi 12 €)* es la única forma de acceder a la capilla menor, la más asombrosa de ambas.

Relato de un caimán

En el pasillo hacia la capilla mayor aguarda una criatura sorprendente: un **caimán** embalsamado colocado en la pared. Hay quienes dicen que este 'dragón' aterrorizó a los lugareños, en el s. XIII, desde su guarida en la cuenca del Turia. Otros sostienen que fue un regalo del virrey de Perú en el s. XVII a Juan de Ribera, quien ordenó disecarlo tras su muerte para mantener vivo su recuerdo.

UNA PAUSA
En esta soleada plaza hay un puñado de bares y restaurantes, como **Deli Rant,** con cervezas modernas e interesantes versiones saladas de churros.

CIRCUITO A PIE

Paseo por el sur de Ciutat Vella

Esta ruta discurre por la mitad sur del casco antiguo, uno de los barrios más majestuosos de la ciudad, frecuentado tanto por visitantes como por oficinistas locales, con bares con terraza donde los valencianos acuden a almorzar y varios somnolientos parques que atraen a parejas de enamorados y ágiles patinadores.

INICIO	FINAL	DURACIÓN
Estación del Norte	Plaza del Colegio del Patriarca	2 km; 25 min

1 Obra maestra del modernismo

No hay mejor sitio para ver azulejos recargados que la **Estación del Norte** (p. 44). Sus paredes están alicatadas de arriba abajo con piezas de iconos valencianos, como falleras, campos de labranza y naranjas a tutiplén. Los cítricos han constituido tradicionalmente una importante fuente de ingresos para la región, y aquí se ensalza como símbolo de riqueza y fertilidad.

2 Soleado remanso de paz

Yendo de espaldas a la estación, se tuerce a la izquierda hacia una ajetreada calle que, pese a todo, es la antesala de un sosegado parque: los **jardines del Antiguo Hospital** son un tranquilo enclave perfecto para relajarse al sol. No hay que irse sin admirar las ruinas de una vieja iglesia y varias zonas diseñadas para escapar del tráfico.

3 Calles históricas

Del parque se sale por la peatonal **calle del Hospital,** flanqueada de atractivos edificios, como el Museo de la Seda (p. 37). Más allá, a la izquierda, hay una zona infantil vallada a la sombra.

4 Una plaza ineludible

La **plaza del Ayuntamiento,** la más grande e impresionante de la capital del Turia, es un lugar de visita obligada, que como mejor se disfruta es desde el balcón del propio ayuntamiento (p. 46); situado en el flanco occidental de plaza, la entrada es gratis en días laborables por la mañana.

5 Un pasaje olvidado

Mucha gente pasa por alto este rincón merecedor de un desvío. Construido en 1889, el **pasaje de Ripalda** se diseñó para evocar el glamur de los pasajes neoclásicos italianos. Hoy está algo marchito, pero su techo acristalado (cubierto de redes en el momento de redactar esta guía) es una maravilla. Sus puertas de hierro quedan a la derecha conforme se va al norte desde la plaza del Ayuntamiento.

6 Templo de la cerámica

Pasada la calle de Santa Irene, se gira a la izquierda, y al final de la calle, a la derecha, para así recalar en una vía peatonal premiada en su último tramo con un increíble edificio rosado: el **Museo Nacional de Cerámica y Artes Suntuarias** (p. 38).

7 Terrazas al sol

Desde allí se toma la calle de los Libreros y luego se gira a la derecha hasta las terrazas de la **plaza del Patriarca.** Como colofón al paseo se brinda con una copa de cava valenciano en Deli Rant (p. 41).

EXPERIENCIAS

Maravillarse ante emblemas modernistas ESTACIÓN DE TRENES

PLANO: 1 P. 36 **C4**

La **Estación del Norte** *(visitvalencia.com, gratis)* constituye el mayor tesoro modernista de la ciudad: una oda a la tradición y el progreso en un espacio exquisitamente alicatado. Erigida en 1917, fue concebida como un tributo del diseñador Demetrio Ribes al comercio de cítricos de Valencia, y al rico legado local que conforman las Fallas, la pesca y la agricultura. Aún pueden verse las taquillas de madera originales, el mosaico de "buen viaje" y paneles cerámicos pintados a mano por Gregorio Muñoz Dueñas. Sobre la fachada, en lo alto de la estación, se observa la escultura de un águila, símbolo de velocidad.

Entonarse bebiendo agua de Valencia BAR

PLANO: 2 P. 36 **D1**

A mediados del s. xx, el **Café Madrid** *(myrhotels.com)* era el bar predilecto de una cuadrilla de vascos que acostumbraba a pedir "agua de Bilbao", refiriéndose en realidad al mejor vino espumoso de la casa. Con el tiempo, aburridos de tanta burbuja, los más incondicionales le pidieron a Constante Gil, su barman y propietario, que innovara. Y fue así como este inventó el agua de Valencia: un potente cóctel a base de cava, zumo de naranja, ginebra y vodka. Tanto el bar como el cóctel siguen causando furor. Cualquiera puede probarlo en el histórico **bar** *(12.00-hasta tarde lu-do)*, hoy parte del Myr Hotels. Su interior posee unos cuantos carteles antiguos enmarcados. Sirven tanto copas *(6 €)* como jarras *(26 €)*.

Admirar magníficas vistas desde una azotea RESTAURANTE

PLANO: 3 P. 36 **C2**

Uno de los edificios más llamativos de la plaza del Ayuntamiento es el Ateneo Mercantil, con unas gigantescas columnas y una terraza impresionante. Para echar un vistazo por dentro basta dirigirse a la parte trasera, donde una solitaria entrada permite acceder al bar de azotea **Atenea Sky** *(ateneasky.com, cócteles 12 €)*. Instalado en una 6ª planta, brinda excelentes vistas de la plaza, salpicada de fuentes y puestos de flores, y algo casi imperceptible en la calle: la palabra "Valencia" escrita en el suelo.

Conviene reservar para la terraza, que tiene sofás bajo sombrillas y banquetas pegadas al borde. Mandan los cócteles cargados de fruta y todos los días, a partir de las 17.00, pinchan DJ.

Descubrir una joya 'art-déco' CINE

PLANO: 4 P. 36 **C2**

Es fácil de pasar por alto el estrechísimo cine encajonado entre dos inmensos edificios en la plaza del

SOSTENIBILIDAD Y LA CIUDAD

Durante décadas, la sostenibilidad ha representado el silencioso empuje de Valencia. Fue la primera ciudad en medir la huella de carbono del turismo (y a raíz de ello se decidió apostar por un enfoque sostenible). Mercados de productos frescos, arbolados carriles-bici y playas en las que se reintrodujeron especies animales contribuyeron a que la ciudad fuera galardonada como Capital Verde Europea en el 2024. Pero además de iniciativas descendentes, florecieron varios proyectos de movimientos populares, como el Jardín del Turia o la playa de La Devesa. La plataforma vecinal Salvem el Cabanyal protestó durante 21 años para impedir el desmantelamiento del barrio pescador del Cabanyal y las preciosas casas de azulejos. Hoy puede decirse que las iniciativas ecológicas han arraigado definitivamente.

Ayuntamiento. **La Filmoteca** *(ivc.gva.es, entradas desde 2,50 €)* fue construida en la década de 1940 en estilo racionalista, con algún que otro toque *art déco*. Dentro, la simetría de las escaleras, con sus escalones de mármol blancos y negros, resulta particularmente agradable. No está permitido recorrer el edificio, pero se puede visitar su café, tras la taquilla. Techos festoneados y grandes espejos se suman a mesas de mármol y un pequeño escenario para crear lo que parece un túnel del tiempo.

Ponerse a remojo en vino — SPA

PLANO: 5 P. 36 C3

Origen Cosmetics *(origencosmetics.com, masajes desde 55 €)* es una iniciativa en Valencia de Chozas Carrascal, una bodega situada en Requena, a 1 h de coche. Tiene una oferta inacabable de lociones, pociones y tratamientos, todos derivados de la uva. El mejor de todos es, sin duda, el baño en vino. Esta exclusiva experiencia *(150 €)* permite disfrutar de un tratamiento de vinoterapia mientras se saborea una copa de los mejores caldos de la bodega, antes de recibir un relajante masaje de 50 min. También venden botellas para llevar; Las Tres, un blanco color caramelo madurado en barrica, es el favorito de la autora de esta guía.

Visitar una librería de fantasía — LIBRERÍA

PLANO: 6 P. 36 C1

En una calleja próxima al Mercat Central, la **librería anticuaria Rafael Solaz** *(libreriarafaelsolaz.es)* es una especie de cueva especializada en este tipo de obras. A veces se ve a Rafael, su dueño, tomándose un cortado en una mesa afuera. Su padre, el escritor Rafael Solaz Albert, fue quien abrió el negocio; firmó varias obras sobre su ciudad natal, entre ellas una

EL AYUNTAMIENTO

PLANO: 9 P. 36 C3

Señoreando la plaza donde se encuentra, el **Ayuntamiento** ocupa un imponente edificio integrado por dos estructuras principales: la neoclásica Casa de la Enseñanza y una embriagadora sección entre modernista y renacentista añadida por Francisco Mora Berenguer, uno de los arquitectos locales más queridos del s. XX. No se cobra por entrar y su principal baza es el balcón, seguido del salón de baile y de las escaleras de mármol bajo un techo de vitrales. En una urna de cristal se exhibe la espada supuestamente utilizada por Jaime I en la conquista de la ciudad en 1238.

antología de viejas guías de viajes de Valencia de la década de 1700 en adelante.

Su interior está dominado por estantes de madera repletos de tomos encuadernados en piel que alcanzan el techo. Rafael se presta encantado a ayudar, tanto si se buscan postales de época, guías únicas o cartas de amor escritas a mano en el s. XVIII.

Ver la 'mascletà' ESPECTÁCULO DE PIROTECNIA

PLANO: 7 P. 36 C3

Se dice que todo el mundo debería asistir al menos una vez en la vida a la **'mascletà'** *(fallas.com, gratis)* de Valencia, un atronador acontecimiento que, si bien se oye desde todos los rincones de la ciudad, tiene lugar en la plaza del Ayuntamiento.

Durante las **Fallas** *(1-19 mar, aprox.)*, todos los días a las 14.00 se dispara esta ensordecedora composición pirotécnica que utiliza 330 kg de pólvora. Los asistentes se apretujan por toda la plaza para presenciar el estruendoso espectáculo; hay que llegar temprano para tener una buena vista. Reina un ambiente de euforia: la gente brama desde los balcones y los cristales de las ventanas tintinean al alcanzar las ondas expansivas los vetustos edificios.

Hay una zona reservada para personas con discapacidades; para reservar sitio basta escribir a dg_personasdiscapacidad@valencia.es.

Buscar vinilos raros TIENDA DE DISCOS

PLANO: 8 P. 36 B3

Abierta en 1978, **Discos Oldies** *(@discosoldiesvalencia, cerrado do)* vende desde discos raros a clásicos de siempre. Un grupo de amigos entendidos en música se puso al frente en el 2021, reforzando su oferta con nuevos géneros y conciertos, pero conservando su estética retro. En sus cajas verde oliva se encontrarán elepés de todo el orbe.

Su fuerte es la música española desde la década de 1960 en adelante; si se le concede suficiente tiempo seguramente se encontrará alguna rareza inesperada. Pero si llegara a abrumar, siempre se puede solicitar la inestimable ayuda de Pere, conocedor del mejor *jazz* y funk.

Además, todos los años programan en la sala 16 Toneladas (p. 115) el **Festival Discos Oldies,** una jornada de conciertos a cargo de grupos internacionales ajenos al circuito comercial, como los roqueros checos Abraxas o la banda madrileña de *shoegaze* Dharmacide.

Enviar una postal con estilo

OFICINA DE CORREOS

PLANO: 10 P. 36 **D3**

Para franquear una postal no hay mejor sitio que la **oficina de correos** *(visitvalencia.com, gratis)* de la plaza del Ayuntamiento, a la que se recomienda entrar por la imponente puerta triple frente a los puestos de flores (la lateral de la esquina no impresiona tanto). Tras siete años de obras, este icono valenciano finalmente se inauguró en 1923. Eso sí, mejor no referirse al él como "oficina de correos", pues su arquitecto, Miguel Ángel Navarro Pérez, prefería llamarlo Palacio de las Comunicaciones.

En su interior esperan aparatosos espacios con un toque modernista. La enorme sala circular está rematada por una inmensa gran vidriera superior realizada con 370 paneles; en el centro está el escudo de la ciudad de Valencia y a su alrededor, los de las demás provincias españolas.

Patinar sobre hielo

PISTA DE HIELO

PLANO: 11 P. 36 **C3**

Valencia no solo deslumbra en verano, sino también en invierno, cuando la ciudad se transforma en un alucinante despliegue de lucecitas y escenas navideñas tradicionales.

En la plaza del Ayuntamiento, todos los años se monta una **pista de hielo** *(visitvalencia.com, 9 €)* del 24 de noviembre al 7 de enero. Está hecha de hielo auténtico (la de plástico, del 2022, no resultó del todo) y retroiluminada por un carrusel y un árbol de Navidad de 20 m.

Si se planea visitar la ciudad durante las fiestas navideñas, el encendido del árbol siempre es divertido, en varios mercados (p. ej., el de Colón) hay coros que cantan villancicos, y el espectáculo de la plaza del Ayuntamiento es mayor cada año. No menos bellas son las calles del casco antiguo, iluminadas para la ocasión.

SUGERENCIAS

Lo mejor para...

€ Económico €€ Medio €€€ Alto

Localizaciones en el plano de la **p. 36**

Comer

Cafés modernos

Ikore Kofi Centro €
12 D3
El aroma a granos recién tostados perfuma el ambiente. Hay que probar los *bagels* de salmón y los rollos de canela. *9.00-20.00 ma-vi, desde 11.00 sa*

Cult Café €
13 C3
Katarina regenta este coqueto café cuyo bocado estrella son los sándwiches tostados de atún. *8.30-16.00 lu-vi, desde 9.30 sa, 9.30-14.00 do*

Federal €
14 D2
Certera apuesta para comer clásicos de *brunch*, como huevos Benedict, durante todo el día. *9.00-20.00 lu-ju y do, hasta 21.00 vi y sa*

Pastelerías memorables

Juliet €
15 E2
Irresistibles *cookies* horneadas a la perfección, rematadas con una nube flambeada en el acto. *15.00-21.00 lu y ma, desde 10.00 mi-do*

Sukar Pastry Shop €
16 D1
Trufas, cruasanes rellenos de *ganache* de chocolate y *macarons* pecaminosos como pocos. *9.30-20.30 lu-vi, desde 10.00 sa, 10.00-20.00 do*

Martinica Patisserie €
17 E1
Microscópica pastelería argentina que despacha *cookies* gigantes, tartas de varias capas y los mejores alfajores de Valencia. *9.00-20.30 lu-sa, desde 10.00 do*

Almuerzos asequibles

Natsu €
18 C3
Enormes cuencos de fideos con cerdo *chashu* (cocinado a fuego lento con soja y especias) y huevo cocido a baja temperatura; además, hay versiones veganas y vegetarianas. *13.00-16.00 y 19.30-23.00 ma-do*

Begin €€
19 D3
Sirve un opíparo menú del día (15 €) en un espacio tenue y sofisticado. *13.00-16.00 y 19.30-23.15 lu-vi, 12.30-18.45 y 19.00-23.45 sa, 12.30-16.30 y 19.00-23.45 do*

Bistrós de primera

Casa Baldo 1915 €€
20 D3
Tributo moderno al mesón de toda la vida, que sirve *esmorzarets* (típico segundo desayuno valenciano) hasta las 12.00; se puede pedir un *cremaet* (café flambeado con ron, canela y limón) por solo 50 céntimos más. Excelente paella. *9.30-1.00*

Manāw Nikkei Bar €€
21 B2
Platos *nikkei* magníficamente presentados, incluida una exquisita *leche de tigre,* que como mejor se acompaña es con un *pisco sour. 13.30-23.00 ma-sa*

Alta cocina y sofisticación

El Poblet €€€

22 D3

Supervisado por Quique Dacosta y liderado por Luis Valls, este refinado establecimiento emplea un producto regional sublime. *20.30-12.30 ma-sa y 13.30-17.30 ju-sa*

Llisa Negra €€€

23 D3

Quique Dacosta redobla la apuesta con esta fantástica dirección famosa por su paella cocinada a fuego de leña y su incomparable *socarrat* (crujiente capa agarrada en el fondo de la paella). *13.30-17.30 y 20.30-24.00 ma-sa*

Beber

Horchaterías legendarias

Horchatería de Santa Catalina

24 C1

Emblemática horchatería bicentenaria, famosa por sus azulejos pintados a mano, esponjosos *fartons*, y churros con chocolate. *8.15-21.30*

Horchatería Fabián

25 C2

Horchatería legendaria, por más que la decoración no inspire confianza. Destacan la horchata granizada y los buñuelos caseros. *10.00-14.00 y 17.00-21.00 lu-sa*

El mejor café

Coffee Near Me

26 D2

Con reminiscencias al interior de una nave espacial, aquí se viene por sus inapelables *flat whites* y el servicio afable. Una curiosidad: tienen latas de *latte* frío para llevar. *9.00-20.00*

Cafeinomanos

27 D2

Pequeño local escondido, con cantidades ingentes de café recién tostado para llevar. El *brownie* de caramelo salado sabe a gloria. *8.00-14.00 lu-ju, 17.00 vi, 9.00-17.00 sa*

Bares chic

Ostras Pedrín

28 E2

Bar clásico ideal para disfrutar de unas ostras regadas con cava. Magnífica anguila ahumada. *11.00-24.00 lu-sa, hasta 16.00 do*

Trotamundos

29 D2

El bar del vestíbulo del Only YOU Hotel es un seductor marco para un cóctel a altas horas. *10.00-1.00*

Comprar

Grandes librerías

Casa del Libro

30 D4

Atendida por un personal amable, ofrece tres plantas de libros con una encantadora selección de libros infantiles. *9.30-21.30 lu-sa, 11.30-21.00 do*

Tiendas históricas

La Tienda de Las Ollas de Hierro

31 C1

Fundada en 1793, la tienda más antigua de Valencia es regia en mayúsculas. Sus muebles bajos originales contienen joyas y horquillas de oro, entre otros tesoros. *10.00-13.30 y 16.30-20.00 lu-vi, 10.00-14.00 sa*

Cestería el Globo

32 B2

Bolsos con tejidos rústicos, juguetes hechos a mano, sillas de mimbre... Puede decirse que conocen bien su oficio los dueños de esta tienda con más de 150 años de antigüedad. *10.00-13.30 y 17.00-20.00 lu-sa*

Sugerencias de lugares para comer, beber y comprar en **p. 68**

Explora
Norte de Ciutat Vella

Con elegantes edificios, arboladas avenidas y antiguos puntos de encuentro, esta histórica parte de la ciudad desvela la esencia de Valencia. Y gracias a los proyectos recientemente acometidos para desviar el tráfico y peatonalizar grandes plazas, la zona es perfecta para deambular sin agobios. En ocasiones se abarrota, pero eso no debe desalentar a nadie: si hay mayor afluencia es por un buen motivo. Lo mejor, para escapar del gentío, es visitar sus grandes atractivos por la mañana temprano o a última hora de la tarde. Escarbando un poco se descubrirán experiencias únicas e inspiradoras, como asistir a una fiesta con miles de aromáticas flores o visitar plazas donde los bailes y el buen café son la norma cada domingo.

Cómo desplazarse

A pie
Caminando es como mejor se descubre está zona de callejuelas y plazas, en general llana y con algún que otro empedrado.

Autobús
No hay ninguna línea en la zona, pero la vía que delimita el norte del barrio tiene multitud de paradas. Desde la plaza del Poeta Llorente salen autobuses a la mitad norte y a la playa.

Metro
La estación de metro más cercana es Alameda, en el Jardín del Turia, al este.

Campanario de la catedral de Valencia (p. 55).
STEVE BRIDGE/SHUTTERSTOCK ©

LO MEJOR

RUINAS ROMANAS
Centro Arqueológico de L'Almoina (p. 64)

GÁRGOLAS
Lonja de la Seda (p. 58)

TORTILLA
La Bodeguita (p. 67)

SALA DE CONCIERTOS
Radio City (p. 67)

MIRADOR
Campanario de la catedral de Valencia (p. 55)

Más información
Impresclindible p. 53
Experiencias p. 64
Comer p. 68
Beber p. 69
Comprar p. 69
C Conde de Trénor
Jardín del Turia
C Pintor López
Plaza de los Fueros
C de la Cruz
C de Serranos
C Franciscanos
C de Santo Tomás
C de Corona
C Alta (Dalt)
C Baja (Baix)
C Landerer
C de la Mare Vella
Convento de la Puridad y de San Jaime
Palacio Vallier
C Conde Almodóvar
C Navellos
C de los Trinitarios
C Boix
C de Almudín
C Almirante
C del Gobernador Viejo
C de Caballeros
Plaza del Tossal
C de Quart
Plaza del Negrito
C Juristas
Ofrenda de Flores
Centro Arqueológico de L'Almoina
C Valencians
C Cadirers
Catedral de Valencia
Mercado de Tapinería
C de Correjería
La Bodeguita
C de Avellanas
C Milagro
C del Trinquete de Caballeros
C del Mar
Radio City
C de la Carda
C de Bolsería
C de Santa Teresa
C de la Purísima
C Tapinería
Lonja de la Seda
C de la Lonja
C de Valeriola
Artesanía Yuste
Plaza de la Reina
Centro de Arte Hortensia Herrero
Plaza de Tetuán
Plaza de Juan de Villarrasa
Mercat Central
Plaza del Mercado
C de los Derechos (Drets)
Plaza Redonda
C de la Paz
C Pie de la Cruz
0 200 m

★ IMPRESCINDIBLE

Catedral de Valencia

Considerado más que un lugar de culto, este templo es sinónimo de arte, historia y vistas que se dilatan hasta el mar. Lo indicado es dedicar una mañana a explorar su inmenso edificio, que además de contar con un museo y un campanario, ¡custodia el Santo Grial!

PLANO: P. 52 **C3**

Breve historia

Las obras de la **catedral** *(catedraldevalencia.es, 9 €)* comenzaron en el s. XIII. Erigida sobre las ruinas de una antigua mezquita (construida a su vez sobre un templo romano), esta edificación resultó fundamental para que Jaime I estableciera su gobierno cristiano. Fuera, sobre la puerta de metal de una pequeña capilla, hay una placa que conmemora la primera misa que se ofició en Valencia tras su conquista. Dentro, los techos abovedados son de estilo gótico, complementados por elementos neoclásicos en otras partes del edificio. En su museo *(gratis)* pueden verse una calle romana del s. I y un escalofriante antiguo cementerio con huesos humanos y un tramo de la muralla medieval.

Reliquias antiguas

Al visitante le recibe un ambiente agradablemente fresco y silencioso. Tras admirar las tres naves góticas, se buscan las reliquias que esconden. Primero, el **Santo Grial.** Al entrar en la catedral se gira a la derecha hacia la **capilla del Santo Cáliz** (s. XIV) donde se halla la que, supuestamente, es la misma copa que utilizó Jesús en la Última Cena, presentada en un historiado retablo de alabastro.

CONSEJO

Llevar efectivo para pagar la entrada al campanario *(2,50 €)*. Por la tarde se programan conciertos, a veces con orquestas que interpretan piezas de Mozart. Todos los detalles en palauvalencia.com.

Escanea este código QR para precios y horarios.

Santo Grial (p. 53).
RAPHA SOEIRO/SHUTTERSTOCK ©

UNA PAUSA
A un corto paseo se encuentra el estupendo bar de tapas **La Samorra,** ideal para almorzar *figatells* (albóndigas valencianas) con vermú de la tierra.

La taza de ágata está fechada en el año 100 a.C., mientras que las asas y la base de oro –tachonada de perlas, rubíes y esmeraldas– son añadidos medievales. Detrás del altar principal hay un cofre de bronce en el que se conserva un brazo de san Vicente Mártir, al parecer torturado por los romanos por negarse a renunciar a su fe y, posteriormente, asesinado en el año 304 d.C. En el s. XIII, Jaime I le nombró patrón de Valencia.

Campanario

Vale la pena el esfuerzo que supone remontar los 207 escalones de la escalera de caracol que sube al **campanario.** Una vez en la azotea, señoreada por **el Miguelete,** su célebre campana de 7,5 toneladas, las fabulosas vistas alcanzan hasta el mar. Y aunque hay quienes hacen coincidir la visita con el tañido de la campana (cada hora en punto), lo cierto es que el sonido es ensordecedor y termina sobresaltando a más de uno.

Ángeles escondidos

Uno de los atractivos más fascinantes de este templo es el **fresco** que fue hallado durante unos trabajos de restauración realizados en el 2004. Los especialistas encargados debieron de quedar atónitos al descubrir tras un techo barroco la celestial imagen de 10 ángeles pintados sobre este, ocultos bajo un falso techo durante centurias. El obispo don Rodrigo de Borja, sabedor de las espléndidas obras que se estaban ejecutando en Italia, contrató en 1472 a dos pintores italianos para que realizaran la que es sin duda una de las mejores obras renacentistas de la ciudad; tardaron seis años en culminar la obra.

BENDITOS BEBÉS

Es normal ver mujeres embarazadas caminando por la catedral que acuden específicamente a ver a la **Virgen del Coro** (situada detrás del altar), pues se dice que quienes recorren nueve veces el perímetro del templo tienen un buen parto.

★ IMPRESCINDIBLE

Mercat Central

A esta hermosa estructura de hierro con vidrieras llegan las hortalizas más frescas, las frutas más carnosas y los quesos más seductores. En su interior, los vendedores cuchichean junto a montones de cerezas y naranjas mientras los visitantes toman horchata granizada y miran con asombro a los descomunales tomates.

PLANO: P. 52 **B4**

CONSEJO
Hay que llegar temprano para evitar el tumulto posterior. Lo ideal es desayunar en el **Central Bar** *(desde las 9.00)* y ver cómo el mercado se anima progresivamente.

Escanea este código QR para horarios y más información.

Admirar su arquitectura

En plena Ciutat Vella, este mercado rematado con una cúpula de cristal y engalanado con ostentosos azulejos luce cierto aire modernista. Alejandro Soler March y Francisco Guardia Vial, ambos formados en la Escuela de Arquitectura de Barcelona, se encargaron de diseñarlo. Lo terminaron Enrique Viedma y Ángel Romaní, en 1928. Curiosidad: la cotorra del tejado es un guiño al chismorreo habitual en su interior.

Probar la horchata

Refrescante y helada, la horchata, elaborada con chufas, es comparable a una ducha fría en un día de calor. Vegana y sin alcohol, causa furor entre personas de todas las edades, y no hay mejor sitio para probarla que en **La Huertana** *(7.30-15.00 lu-sa),* junto a la entrada de la calle de Palafox. Aunque suele servirse líquida, hay quienes prefieren tomarla granizada y, a poder ser, acompañada de *fartons* (bollitos alargados cubiertos de azúcar glas). Basta hacerse con un taburete, escuchar el clásico cotorreo y ver vídeos de la recolección de la chufa en la TV detrás de la barra.

La Huertana.
TRAVELVIEW/SHUTTERSTOCK ©

Curiosear entre los puestos

El Mercat Central se caracteriza por sus puestos de frutas dispuestos al estilo de un bodegón y sus verduras recién cosechadas. Comprando algo se apoyará a los vendedores; hay 274 puestos a elegir. Se recomiendan los arándanos ecológicos de **La Vessana,** los tomates valencianos de cosecha propia de **Les Tomates de Javier,** o las preciosas conservas de pescado de la **Central de Latas.** Eso sí, es obligado acercarse a **Solaz** y probar la sedosa tarta de queso con compota de frambuesa de Ricard Camarena, cuyo restaurante epónimo tiene dos estrellas Michelin. El mercado cuenta con una sala de lactancia equipada con cambiadores y sofás. Solo hay que pedir la llave en el mostrador del sótano.

UNA PAUSA

El **Trocito del Medio** es un fantástico plan para un copioso segundo desayuno. Hay que tomar el galardonado bocadillo de lomo de cerdo al horno: por 5 €, incluye consumición, café y aceitunas; solo lo sirven hasta las 12.30.

★ IMPRESCINDIBLE

Lonja de la Seda

Frente al Mercat Central se encuentra esta belleza arquitectónica donde, en el s. xv, los comerciantes departían sobre este codiciado producto local. Su emblemático estilo gótico le valió, en 1996, la condición de Patrimonio Mundial de la Unesco.

PLANO: P. 52 **B3**

CONSEJO
La escasez de explicaciones rotuladas hace que convenga hacerse con una audioguía.

Escanea este código QR para horarios y reservar.

Interior

El sereno **patio de los Naranjos** brinda un agradable recibimiento. Desde allí se accede a la sala de Contratación, el espacio principal de este mercado, cuyas columnas salomónicas se elevan 16 m hasta su techo gótico de bóveda de crucería. Las inscripciones de las paredes recuerdan a los comerciantes que se comporten con decoro, so pena de no ir al cielo: lo que permite intuir las transacciones que a veces se llevaban a cabo aquí. Esta obra maestra es cortesía del arquitecto catalán Pere Compte, cuyo legado se consolidó con este icónico edificio.

Inquietantes gárgolas

Pese a su aspecto austero inicial, al aproximarse a la Lonja enseguida se repara en varias figuras extrañas, entre eróticas y atroces. En la parte frontal de la fachada se aprecia la estatua de un individuo que, literalmente, está fornicando con el edificio, según dicen, en alusión al comercio sexual que empezaba a despuntar en aquella época –Valencia albergaba en la Edad Media uno de los mayores y más llamativos burdeles de Europa–. En la esquina derecha de la pared delantera, junto a la entrada

Patio interior.
TRABANTOS/SHUTTERSTOCK ©

de la calle de Pere Compte, se observa un ángel que introduce su pene en una vasija. Y en lo alto de las escaleras del patio interior, hay una mujer tocándose los genitales. Más allá de su función para drenar el agua de lluvia, hay escasas teorías sobre el significado de las gárgolas. Para algunos es una forma de condenar los pecados de la gente, mientras que otros piensan que ahuyentan los malos espíritus.

Sala Dorada

Subiendo unas escaleras en el patio se accede a la **Cámara Dorada,** en la 1ª planta del Consulat del Mar, que destaca por su ornamentado artesonado procedente del antiguo ayuntamiento: un conjunto de madera tallada en el s. xv, decorado con escenas de batallas, profetas y criaturas místicas. Allí mismo se proyecta un vídeo al respecto.

UNA PAUSA
Escalones de la Lonja es un encantador bar de tapas que queda al lado. Su especialidad son las patatas bravas y el tinto de verano.

CIRCUITO A PIE

Paseo por el norte de Ciutat Vella

Rebosante de historia y de emblemas góticos y modernistas, el norte de Ciutat Vella es una de las zonas más visitadas de Valencia. Esta ruta discurre por algunas de las plazas más despampanantes del barrio, sin olvidar sus elegantes callejuelas e icónica arquitectura antes de hacer un alto en un museo subterráneo.

INICIO	FINAL	DURACIÓN
Mercat Central	Palacio Vallier	1 km; 15 min

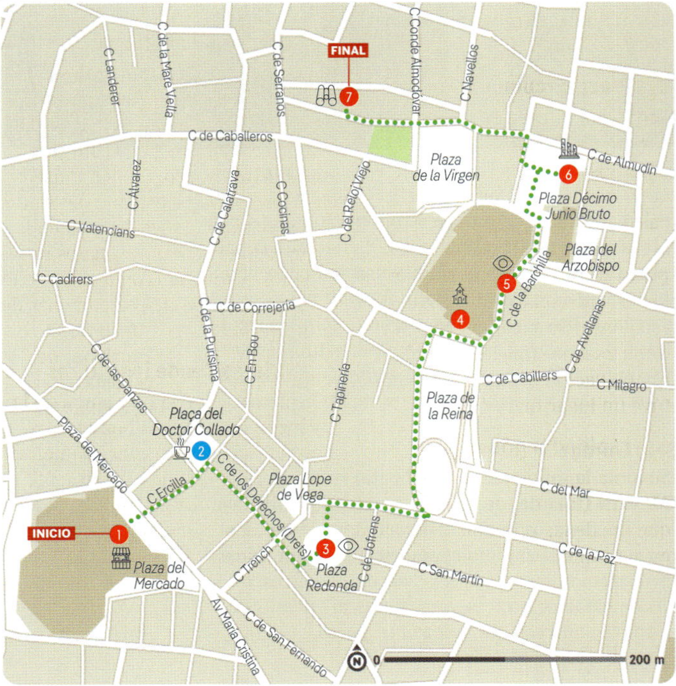

1 Mercado de referencia

Se empieza en el **Mercat Central** (p. 56). Tras deleitarse con una horchata en La Huertana y comprar una bandeja de *paraguayas,* se enfila hacia la adoquinada calle de Ercilla, frente a la entrada principal.

2 Pausa para el café

Dicha calle desemboca en la plaza del Doctor Collado, donde **News & Coffee** (p. 69) vende tentadores *flat whites* y revistas difíciles de encontrar. Los domingos la invaden el sonido del *swing* y entusiastas del *lindy hop*.

3 Plaza circular

Yendo por la calle de los Derechos se pasa junto a la Tasca Sorolla (apetitosas tapas y jamón), antes de torcer a la izquierda por el pasaje con doble arco que sigue al León Bar. Allí se encuentra la **plaza Redonda,** un curioso círculo perfecto con casi dos siglos a sus espaldas, que si bien perdió parte de su encanto tras la desmedida remodelación del 2012, aún constituye un lugar maravilloso.

4 Esplendor gótico

Se toma la salida junto a Colla Monlleó (una tienda de cerámica que fue de las primeras del lugar, cuyo propietario de tercera generación, Vicent, nació en la propia plaza). Después se dobla a la derecha, por la calle de la Sombrería, hacia la plaza de la Reina, en cuya parte alta se yergue la **catedral** (p. 53), donde se sube al campanario.

5 Elegancia urbana

Al salir de la catedral se gira a la izquierda por la **calle de la Barchilla** (o de la Barcella), una de las más bellas de la ciudad, que alberga un arco del s. XVIII y la Puerta del Palau, la más antigua de la catedral.

6 Historia bajo tierra

Tras dejar atrás la catedral, se suben las escaleras de la plaza Décimo Junio Bruto. A la derecha queda el **Centro Arqueológico de L'Almoina** (p. 64), un museo subterráneo que permite descender a las profundidades de la ciudad para descubrir calles y baños romanos originales (con azulejos que imitan escamas de pez), además de tumbas del s. VI.

7 Vistas desde las alturas

Turno para la coqueta **plaza de la Virgen,** que es más bonita si cabe vista desde arriba, concretamente desde la terraza de la azotea del hotel Palacio Vallier (p. 66), desde donde se observan tanto la basílica como la catedral.

CIRCUITO A PIE

El arte del norte de Ciutat Vella

Este corto paseo invita a los amantes del arte a adentrarse en las callejas del casco antiguo. Tras visitar galerías poco conocidas –que exhiben desde grandes exponentes del arte moderno a prometedores talentos valencianos–, no hay como dedicar tiempo a sus enotecas y al arte callejero que se revela por el camino.

INICIO	FINAL	DURACIÓN
Fundación Bancaja	Oliví	1 km; 15 min

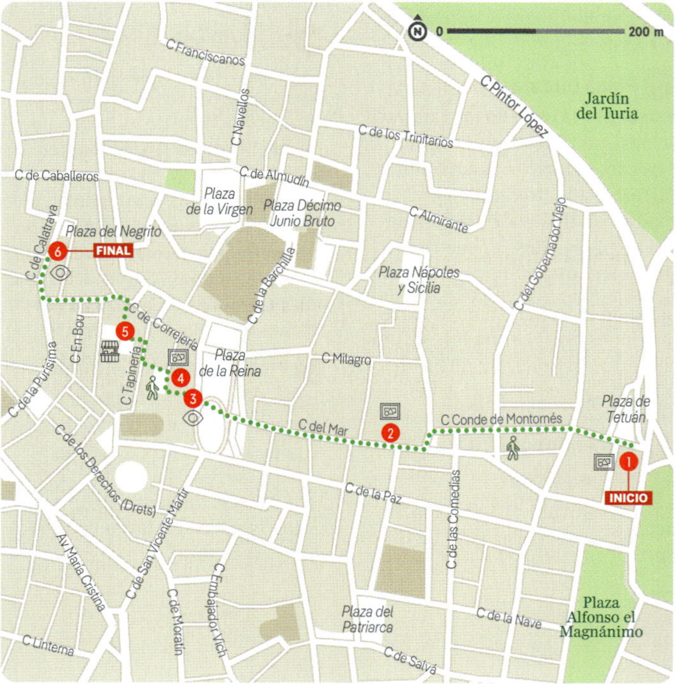

1 Obras maestras valencianas

Se arranca en la **Fundación Bancaja** de la plaza de Tetuán, una galería de arte alojada en un espléndido edificio, que pone énfasis en jóvenes artistas valencianos y del resto del país. Contiene, además, retrospectivas de Joaquín Sorolla y estudios sobre movimientos artísticos poco explorados, como el colectivo vanguardista fundado en la década de 1950 bajo el nombre de El Paso.

2 Maravilloso arte moderno

Al salir de la Fundación se sigue la calle del Conde de Montornes, que cruza la glorieta. La siguiente parada es el **Centro de Arte Hortensia Herrero** (p. 66), una galería inaugurada en el 2023, con obras de talentos locales actuales y grandes del arte moderno, como David Hockney o Anish Kapoor.

3 Pasajes retirados

La calle del Mar conduce a la plaza de la Reina, en cuyo extremo opuesto está el **pasaje Giner,** cubierto, con puertas de hierro forjado, que en segundos lleva de una ajetreada plaza a una tranquila zona sin turistas.

4 Arte abstracto

A la derecha queda **Set Espai d'Art,** una moderna galería de arte que promueve la obra de estrellas emergentes. Despuntan las coloridas esculturas geométricas de Arancha Goyeneche y las insólitas cerámicas antropomorfas de Olga Diego.

5 Colectivos de artesanos

Tras abandonar la plaza por la calle enfrente de la galería, se tuerce a la derecha por la calle de la Tapinería y, luego, por la segunda a la izquierda para dar con el **mercado de Tapinería** (p. 65), una plaza con lucecitas bordeada por una galería de arte, un restaurante y un espacio para eventos. Su programación comprende desde festivales sobre el café a mercadillos *vintage*. De no haber nada, habrá que conformarse con tomar algo en el Bar & Kitchen.

6 Arte callejero y vino

Se sale por la plaza de Ibanyes, y tras echar un vistazo a la bici de *@bikedesuro,* se gira a la izquierda y, después, a la derecha por la calle de Calatrava. En la esquina de las calles **Cadirers** y **Calatrava** hay un verdadero despliegue de arte callejero, que incluye pósteres de *@fiigueers,* ilustraciones de *@mrbt62* y arte textil de *@uday1973.art*. Recorridos unos 30 m en la misma dirección se topa, a la derecha, con la acogedora enoteca de estilo modernista Oliví (p. 69), donde se pone el colofón al paseo con un monumental vermú.

EXPERIENCIAS

Asistir a una emotiva ceremonia

EVENTO

PLANO: 1 P. 52 C2

Uno de los actos más espectaculares de las Fallas es la **Ofrenda de Flores** *(fallas.com, gratis, 3er fin de semana de mar, aprox.)*. Durante dos días, los valencianos realizan una pequeña peregrinación hasta la plaza de la Virgen, donde entregan un ramo de flores a la Virgen de los Desamparados, de 15 m, que allí se erige.

De todos los rincones de Valencia llegan más de 100 000 personas ataviadas con vestidos y trajes típicos de seda. Muchos se emocionan al ver a la Virgen y que sus ofrendas se suman a las del resto tras horas de espera; hay incluso quienes trepan para engalanar a la efigie con pétalos de colores.

Descubrir la historia antigua

MUSEO

PLANO: 2 P. 52 D2

En Valencia hay secretos ocultos bajo el empedrado, y este museo ofrece la oportunidad de entrever los orígenes de la ciudad. Ubicado en una plaza detrás de la catedral y la basílica, **el Centro Arqueológico de L'Almoina** *(valencia.es/val/almoina)* muestra una exposición subterránea, con pasarelas suspendidas sobre las calles romanas de la ciudad. Desde unos adoquines desgastados por siglos de uso, el visitante observará los baños romanos, con azulejos que imitan escamas. Están iluminados por un haz de luz que se filtra a través de un hueco acristalado. La antigua muralla se revitaliza con ilustraciones e imágenes creadas por ordenador para estimular la imaginación. Más al interior se aprecian esqueletos en tumbas del s. VI protegidas con capas de polimetilmetacrilato. Hay 32 en total, todos cristianos, enterrados con sus pertenencias más preciadas, como collares de ámbar o vasijas con ungüentos. L'Almoina *(2 €, do gratis)* abre durante toda la semana.

Engullir trufas divinas

CONVENTO

PLANO: 3 P. 52 C2

A tiro de piedra de la plaza de la Reina hay un convento de monjas que vende las trufas más deliciosas que uno jamás haya probado. Su tienda repleta de azulejos abrió con el propósito de financiar el viaje a las hermanas procedentes de otros países. Para llegar al **convento de la Puridad y de San Jaime** *(9,50 €, solo efectivo)* hay que seguir la calle del Conde de Almodóvar, pulsar el timbre y cruzar los dedos. El horario oficial es de 10.00 a 12.30 y de 16.30 a 18.30, pero no siempre contestan.

Ver el último acontecimiento itinerante

ESPACIO PARA EVENTOS

PLANO: 4 P. 52 C3

Céntrico pero retirado del bullicio, el **mercado de Tapinería** *(mercadodetapineria.com, precio*

VER BAILAR 'LINDY HOP'

El *lindy hop*, el animado baile inventado en la década de 1920, vive un interés renovado en Valencia. Algunos domingos, los bailarines de **Spirit Valencia** *(valencialindyhop.com)* se citan en la plaza del Doctor Collado hacia las 18.00 para disfrutar de una sesión de baile informal. Consultar el perfil *@spirit_*valencia en Instagram para estar al tanto de las fechas. Les encanta bailar a plena luz del día, al son del *swing* que escupen los altavoces. Solo hay que sentarse en una terraza, pedir una cerveza fría y marcar el ritmo con el pie.

variable) es un espacio para eventos dedicado a la comunidad creativa de la ciudad. Es restaurante, galería y tienda, y la acción transcurre en una plaza adornada con banderines. Su objetivo es apoyar a los diseñadores locales y promover una economía circular sostenible. El polivalente **Espai X** acoge toda clase de citas, desde el festival cafetero Valencia is Coffee a la fiesta estival del vermú. El arte y la artesanía de la tienda (prendas *vintage* modificadas, gafas de sol sostenibles) van rotando, mientras que **La Nube,** su zona de talleres, alberga actividades interactivas, como cursos de alfarería de un día y clases de punto de cruz.

Asistir a una mediación milenaria

PATIO

véase Catedral de Valencia

En la plaza de la Virgen tiene lugar un ritual milenario. Todos los jueves a mediodía se reúnen ocho agricultores en la Puerta de los Apóstoles de la catedral. La emoción aumenta a medida que se acerca la hora; cientos de personas se agolpan ante la verja de hierro mientras el solemne personal abrillanta los pináculos de latón. Una vez repican las campanas de la catedral, los miembros del **Tribunal de las Aguas** *(tribunaldelasaguas.org, gratis)* hacen acto de presencia vestidos con togas negras y proceden a sentarse en sillas del s. XVII en una zona acordonada.

Esta institución de justicia, cuyos orígenes se remontan a la época musulmana, es la más antigua que existe en Europa. Los agricultores acuden a resolver conflictos relativos al riego, y las decisiones que aquí se toman son definitivas. Quienes piensen que todo esto suena demasiado académico han de saber que el agua es un tema sumamente controvertido en el medio agrícola. Quienes vayan esperando un espectáculo se llevarán un chasco, pues este foro es ante todo una ventana al corazón agrícola de Valencia.

Comprar cerámica tradicional

TIENDA

PLANO: 5 P. 52 C3

Encontrar **Artesanía Yuste** es de por sí una aventura. Accesible a través del pasaje Giner, junto a la plaza de la Reina, queda a un paso de las plazas más concurridas de Valencia, pero aun así parece estar a kilómetros de distancia. Este comercio de gestión familiar lo lleva el matrimonio formado por Enrique y Elena, quienes a su vez lo heredaron del padre de Enrique, un empresario de la construcción que coleccionaba cerámica obtenida en proyectos de restauración locales.

Venden azulejos *socarrat,* un tipo de cerámica originario de Paterna, al norte del centro de Valencia. Decoradas con folclóricos diseños de criaturas y galeras fantásticas, estas placas de barro cocidas al horno de leña se empleaban tradicionalmente como relleno del envigado de madera. Su tamaño reducido las convierte en una idea genial como recuerdo.

Conocer prometedores talentos locales

GALERÍA

PLANO: 6 P. 52 **D4**

Hortensia Herrero es un nombre muy conocido en Valencia. Copropietaria de la cadena de supermercados Mercadona, su éxito la ha llevado a contribuir como filántropa en el panorama artístico local, como se constata en las esculturas públicas repartidas por la ciudad bajo su mecenazgo. Instalado en un palacio del s. XV restaurado, el **Centro de Arte Hortensia Herrero** *(cahh.es, 9 €)* es su primera galería, con especial énfasis en el arte del s. XX y artistas prometedores locales. Entre sus piezas más icónicas figuran móviles de Alexander Calder, hipnóticos espejos cóncavos de Anish Kapoor y vívidos paisajes de David Hockney.

No hay que perderse la videoinstalación inspirada en las Fallas de Mat Collishaw, uno de los principales exponentes del movimiento artístico Young British Artists. En *Transformer,* el espectador se adentra en una llameante sala de proyecciones de 360° en la que no falta el sonido crepitante de la leña y el intenso calor que despiden las pantallas. En la sala 16 se muestran los ganadores de Abierto Valencia (el concurso de arte que cada año promueve Herrero), incluidas obras del poeta y fotógrafo Manuel Vilariño y la artista multimedia Anna Talens.

Contemplar unas vistas sensacionales

BAR

PLANO: 7 P. 52 **C2**

Hay un bar de azotea apenas conocido que se asoma a una de las plazas más bellas de Valencia. Encaramado en lo alto del **Palacio Vallier** *(myrhotels.com, desde 17.00),* el bar superior de este cinco estrellas ofrece un sofisticado patio con sofás y una espectacular panorámica de la plaza de la Virgen. El balcón está contiguo al Palacio de la Generalitat (s. XIII), cuya arquitectura gótica se aprecia desde el borde, lo mismo que la basílica de Nuestra Señora de los Desamparados. Se cobra un gasto mínimo de 10 € por persona para acceder a la terraza. Más acicalado que la media, es un marco genial para sorprender a una cita. La carta es amplia y no anda escasa de cócteles; se puede pedir un Old Cuban *(14 €)* para despedir el sol.

El bar (más parecido a un *pub* que a una discoteca) está separado de la pista de baile por una gruesa cortina de terciopelo, para que las charlas profundas cerveza en mano y el bailoteo coexistan felizmente. Los domingos acoge una *jam session (gratis, 20.00-23.00).*

Bailar hasta las tantas

LOCAL NOCTURNO

PLANO: 8 P. 52 **A3**

Las opciones abundan para salir de parranda en Valencia, pero **Radio City** *(radiocityvalencia.es, entrada variable)* es una apuesta certera para bailar hasta tarde en un ambiente agradable. Ha sido el punto de encuentro preferido de los amantes de la cultura alternativa desde la década de 1980, cuando era un refugio de la libre expresión a través de la música, el arte y la cultura tras años de dictadura. Con una ecléctica programación, cabe esperar desde veladas de poesía a clases de dibujo al natural, pasando por conciertos de *reggae* y cumbia psicodélica.

Probar una tortilla de aúpa

TABERNA

PLANO: 9 P. 52 **D3**

Hacer una buena tortilla de patatas tiene su ciencia. Y en **La Bodeguita** *(7.00-14.00 lu-vi)* hacen una de las mejores de Valencia: ligeramente dorada por fuera y jugosa por dentro. De su cocina salen dos todas las mañanas, una con cebolla y otra sin ella; hay que llegar temprano para probarla.

Basta sentarse a la mesa y pedir un pincho con un cortado de tueste alto. Su estética denota solera: carteles añejos, espejos con manchas y matrículas antiguas cuelgan de las paredes. Ni rastro de un datáfono; solo aceptan efectivo.

LA SOMBRÍA HISTORIA DE LA PLAZA DEL MERCADO

La **plaza del Mercado** fue desde finales del s. XIV el lugar elegido para realizar ahorcamientos. Miles de personas fueron ejecutadas donde hoy crecen palmeras, y uno de los casos más estremecedores fue el de Margarida Borrás, que pese a ser llamada Miquel al nacer, vivió exhibiendo su feminidad. Y ese fue el motivo por el que terminó siendo ajusticiada en la horca, el 28 de julio de 1460. En el 2017 se descubrió en la pared norte del Mercat Central, cerca del puesto de paellas, una placa en su honor y el de todas aquellas personas que han sufrido transfobia.

SUGERENCIAS

Lo mejor para...

Localizaciones en el plano de la **p. 52**

€ Económico €€ Medio €€€ Alto

Comer

Tabernas tradicionales

Tasca Sorolla €
10 B4
Ximo, su dueño, compra a diario en el Mercat Central el género que emplea en su pequeño bar. Muy recomendables los *figatells* y las sardinas. *12.00-16.00 y 20.00-23.00 ma-sa, 12.00-16.00 do*

Tasca Angel €
11 B3
Las mesas no tienen cabida en esta microscópica taberna que triunfa con sus sardinas a la plancha aderezadas con ajo, perejil y aceite de oliva. *11.00-15.00 y 19.00-23.00 ma-vi, 11.00-15.00 do*

La Pilareta €
12 A3
En este paraíso de las clóchinas (la hermana menor valenciana del mejillón) hay que hacer como los vecinos y tirar las conchas en los cubos repartidos por el suelo. *12.00-24.00 mi-lu*

El Molinón €
13 A3
Aquí mandan los platos asturianos y la sidra escanciada. *12.30-16.15 y 20.00-24.00*

Moderna y de temporada

Taberna La Sénia €
14 B3
Tapas tradicionales con un toque moderno, regadas con vino de uva *bobal. 12.00-23.30*

La Samorra €€
15 D2
Excelsas tapas clásicas en una preciosa taberna alicatada. No hay que irse sin probar las patatas bravas y los *figatells. 19.30-24.00 mi-sa y 12.30-17.00 ju-sa, 12.00-17.00 do*

Forastera Restaurant €€€
16 A4
Imaginativo pero sin ser pretencioso, tienta con un menú degustación de cena con productos de mercado. *14.00-15.30 lu, vi, sa y do, 21.00-22.30 vi y sa, 20.30-22.00 ju*

Tacos

Rey Taco €
17 C3
Cocina a la vista, margaritas y tacos al pastor que bien pueden acompañarse de una salsa ultrapicante que solo sirven si se pide. *19.00-23.00 lu, 14.00-17.00 y 20.00-23.00 ma-ju, 14.00-23.30 vi y sa*

Innovación y alta cocina

Toshi €€€
18 D2
Apenas una decena de comensales tiene el placer de saborear en cada turno las creaciones de Toshiya Kai: una convincente fusión de cocina japonesa y mediterránea. Hay que reservar con semanas de antelación. *Turnos 14.30 vi y sa y 21.00 mi-sa*

Entrevins €€€
19 D4
Su impecable comedor promete versiones refinadas de platos tradicionales, como caldereta de langosta o tuétano a la brasa. *13.30-15.30 y 20.30-22.30 ma-sa*

Panadería clásica

Horno y Pastelería Alfonso Martínez €

20 B4

Venerada panadería tradicional con auténticas toñas y esponjosos *fartons. 7.00-15.00 y 17.00-20.00 lu-ju, 7.00-15.00 vi y sa*

Beber

Café de calidad

News & Coffee

21 B3

Lo que parece un viejo quiosco de prensa depara en realidad *flat whites* y ejemplares de la revista *Noble Rot. 9.00-16.00 lu-vi, 10.00-17.00 sa, 10.00-14.00 do*

Fav Coffee

22 F4

Sosegado café de líneas limpias próximo a los jardines de la Glorieta. Su terraza es perfecta para mimarse con un *matcha latte* y un rollo de canela. *8.00-20.00 lu-vi, 10.00-18.00 sa y do*

Coffee and Bikes

23 B3

Comprando alguno de sus cafés (elaborados con granos tostados allí mismo) se obtiene un 10% de descuento al alquilar una bici en *Happy Tourist Centre. 9.00-17.00*

Horchata

Horchatería el Collado

24 B4

Pintoresco local que lleva más de un siglo despachando vasos de horchata, *fartons* y helado. *16.30-21.00*

Cerveza moderna

Tyris on Tap

25 B3

Entrañable microcervecería con una soleada terraza y una pequeña zona infantil de juegos. Sirven *pizza* a partir de las 20.00. *12.30-0.30*

The Market Craft Beer

26 B3

Acogedor *pub* de iluminación tenue que invita a probar interesantes variedades de cerveza artesana local. *18.00-0.30 lu-vi, desde 12.00 sa y do*

Cócteles y vermú

Café de las Horas

27 C2

Caprichoso café de lo más *kitsch* con cafés con alcohol, cócteles a base de cava y jarras de agua de Valencia. *10.00-1.30*

Oliví

28 B3

Desde vinos de la tierra a una magnífica selección de vermús en una diminuta vinoteca que todo el mundo desearía tener cerca de casa. *19.00-23.00 ma-sa*

Comprar

Menaje y alimentación

Simple

29 D3

Formidable tienda de artesanías fabricadas en España (cestas tejidas, sombreros Panamá), más cosméticos con envoltorios a la antigua. *10.30-14.00 y 17.00-20.30 lu-sa, 11.00-14.30 do*

Original CV

30 B4

Elegante *boutique* frente al Mercat Central, que vende vino bobal de Requena, arroz bomba valenciano y fragancias a partir de naranjas de cultivo local. *10.00-20.30 lu-sa*

'Vintage' y retro

Needles & Pins

31 B3

Tienda secreta donde rebuscar entre blusas *vintage* de seda y vestidos de lunares de la década de 1960. *10.30-14.00 ma, 10.30-14.00 y 17.00-20.00 mi-vi, 11.30-15.00 sa*

Sugerencias de lugares para comer, beber y comprar en **p. 78**

Explora
Barrio del Carmen

Desaliñado y hermoso: así es este barrio, que exuda siglos de rebeldía, con callejones sin salida y tambaleantes casas adosadas salpicadas de grafitis, bares y cafés. En tiempo reciente han aparecido tiendas turísticas más lustrosas. Originalmente, la zona se encontraba fuera de la muralla musulmana, pero tras la Reconquista, los moriscos que decidieron quedarse en Valencia fueron reubicados en esta área liminal. El barrio creció gradualmente, y en la década de 1980, tras el final de la dictadura, se convirtió en el epicentro de las nuevas propuestas y la cultura bohemia. Hoy, estas calles decoradas con arte con una fuerte carga política, invitan a descubrir galerías independientes y plazas con grupos de amigos que se quedan charlando hasta las tantas.

Cómo desplazarse

A pie

Hay que ir preparado para perderse un poco, pues Google Maps no es del todo preciso en las callejuelas más angostas. Eso sí, son seguras incluso las calles más recónditas.

Bicicleta

Es una forma genial de moverse por la zona, aunque las callejas no siempre se prestan a pedalear, de ahí que en ocasiones haya que bajarse y caminar.

Autobús

Pese a no circular autobuses por el barrio, hay paradas por todo el perímetro. La línea C1 para delante del Institut Valencià d'Art Modern (IVAM).

Torres de Serranos (p. 76).
NELO2309/SHUTTERSTOCK ©

★

LO MEJOR

BAR DE 'JAZZ'
Jimmy Glass (p. 76)

CATA DE VINOS
Proava (p. 76)

VISTAS
Torres de Serranos (p. 76)

GALERÍA DE ARTE
Centre del Carme Cultura Contemporània (p. 76)

CÓCTELES
Botanista Cocktail Bar (p. 77)

A
B
C
D
E
F
1
2
3
4
0
200 m
Paseo de la Pechina
Institut Valencià d'Art Modern
C Na Jordana
C de Lira
C de Salvador Giner
C de Blanquerías
Centre del Carme Cultura Contemporània
Casa de los Gatos
C del Museo
C de Padre Huérfanos
Plaza del Carmen
C Pintor Fillol
C de Roteros
Plaza de los Fueros
Torres de Serranos
Puente de Serranos
Pont de Fusta
C Conde de Trénor
C Beneficencia
C Ripalda
C Mirto
C de Santo Tomás
C de Don Borrás
C Franciscanos
C del Muro de Santa Ana
Refugio de la Guerra Civil
Botanista Cocktail Bar
Proava
C de San Ramón
C de Corona
C Raga
C de Guillem de Castro
C Dr Beltrán Bigorra
C Alta (Dalt)
C Baja (Baix)
Jimmy Glass
C Landerer
C de la Mare Vella
C de la Cruz
C de Serranos
Plaza Vicente Iborra
C del Pintor Zariñena
Plaza del Músico López Chavarri
C de Caballeros
C Álvarez
C de Calatrava
C Juristas
C de Pinzón
C de Quart
Plaza del Tossal
Más información
Imprescindible p. 73
Experiencias p. 76
Comer p. 78
Beber p. 79
Comprar p. 79

★ IMPRESCINDIBLE

Institut Valencià d'Art Modern (IVAM)

Localizado en las lindes del barrio del Carmen e inaugurado en 1989, este prolijo espacio de líneas limpias consta de ocho galerías repartidas en más de 18 200 m^2, en las que se exponen obras clásicas españolas del s. XX y artistas contemporáneos de todo el orbe.

Colección permanente

El grueso de la colección permanente lo conforma Julio González, nacido en el seno de una familia de metalurgistas que colaboraban periódicamente con las grandes figuras del modernismo de Barcelona. Compuestas por varias capas, sus esculturas de hierro son sencillas, tangibles y se transforman conforme uno recorre la sala.

Exposiciones

Las exposiciones temporales se centran en artistas modernos o menos conocidos, como Juana Francés, la única mujer que integraba el movimiento madrileño El Paso. Entre otros nombres presentes con anterioridad está la artista nigeriana Otobong Nkanga, cuyas esculturas de piedra inducen a reflexionar sobre la relación que tenemos con la tierra. No hay que perderse la **sala de la Muralla,** con un tramo de esta barrera defensiva del s. XIV; se llega saliendo del edificio por la puerta principal y bajando la rampa de la izquierda.

Biblioteca

A los entusiastas de los libros les fascinará la **biblioteca,** con más de 54 000 documentos, incluidos catálogos, teoría del arte y fanzines, todos de libre acceso. Reservas en biblioteca@ivam.es.

PLANO: P. 72 **B2**

CONSEJO

Un buen sitio para asimilar tanto arte es **Mascaraque,** el café contiguo, con una terraza y un menú del día servido a todas horas. Destacan las patatas bravas con *kimchi* y las alcachofas con crema de queso ahumado.

Escanea este código QR para horarios y las próximas exposiciones.

CIRCUITO A PIE

Paseo por el barrio del Carmen

Las desastradas callejuelas y marchitos edificios no hacen más que acrecentar el encanto del barrio, con innovadoras galerías y cafés artísticos, que unidos a una mareante mezcla de tradición, nuevos conceptos y creatividad, fascinará a cualquiera. Solo hay que lanzarse a explorar el barrio y encontrar inspiración.

INICIO	FINAL	DURACIÓN
Institut Valencià d'Art Modern	Centro del Carmen Cultura Contemporánea	1,3 km; 20 min

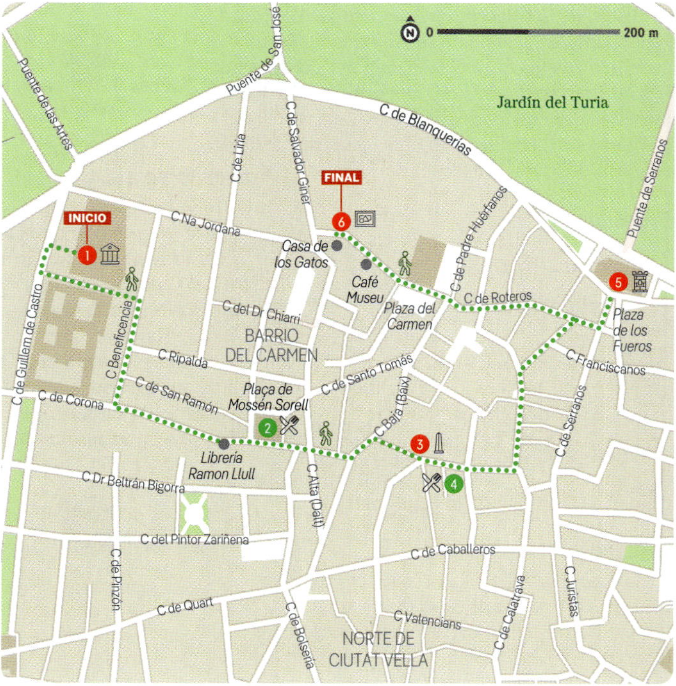

1 Arte moderno

Se empieza en el **Institut Valencià d'Art Modern** (p. 73), una monumental galería con dos plantas de exposiciones, además de la indispensable sala de la Muralla y, en el piso alto, una magnífica biblioteca. Es un sitio estupendo para ahondar en la obra de los maestros de mediados de siglo y en su modernísimo arte conceptual, antes de abordar el barrio propiamente dicho.

2 Un alto para comer tapas

Tras visitar la galería, se gira a la izquierda por la calle de Carmen Alborch y se continúa hasta atisbar un enorme mural de un unicornio pintado por Escif. Después, se tuerce a la derecha por la calle Beneficencia y, luego, al final de la calle, a la izquierda hasta alcanzar el mercado Mossen Sorell, donde se toma vermú con una *gilda* en **Vinostrum** (p. 79).

3 Histórica puerta en arco

Se sigue por la calle de l'Hostal de Morella. Al final, se dobla a la izquierda y, después, por la primera calle a la derecha hasta topar con el **Portal de Valldigna,** una puerta incorporada en el año 1400 a la muralla del s. XI. Al cruzarlo se estará dentro de la muralla musulmana.

4 Una pausa para almorzar

Tras pasar por el Portal de Valldigna se para en el **Mestizo** (p. 78), un ecléctico café muy propicio para picar algo en compañía de los adorables perritos del local.

5 Vistas asombrosas

Saliendo del Mestizo hacia la derecha se observa el mural de Victoria Cano Pérez con motivo de las inundaciones de Valencia de 1957. Se sigue por la calle Ángel Custodio (la tercera a la izquierda). Al llegar a El Coffi del Carmen (p. 78), se tuerce a la derecha y, después, otra vez a la derecha hasta el final de la calle. A la izquierda se verán las colosales **Torres de Serranos** (p. 76), con imponentes vistas por solo 2 €.

6 Arte en torno a la comunidad

Desde las torres se continúa por la calle de Roteros, y tras atravesar la plaza del Carmen, se recala en el **Centre del Carme Cultura Contemporània** (p. 76), cuyas muestras versan sobre temas locales de calado, como el temor a la demolición que se vivió durante años en el barrio de El Cabanyal. Justo enfrente se ve la diminuta Casa de los Gatos (p. 77), antes de culminar el paseo con una caña en la terraza del Café Museu (p. 78), a mano izquierda.

EXPERIENCIAS

Visitar una galería de gran arraigo
GALERÍA

PLANO: 1 P. 72 **C2**

Sito en un monasterio del s. XIII, el **Centre del Carme Cultura Contemporània** *(consorcimuseus.gva.es/centro-del-carmen, gratis)* es un cavernoso espacio con soleados claustros y un laberinto de galerías. Ajeno al bullicio exterior, el visitante disfrutará aquí de exposiciones de lo más reveladoras, desde una celebración del teatro Estrella (el queridísimo teatro de marionetas local) a una muestra sobre la demolición del cercano barrio de El Cabanyal. Sus patios albergan conciertos con carácter regular.

Subir a lo alto de un monumento gótico
ARQUITECTURA

PLANO: 2 P. 72 **E2**

En su día, las **Torres de Serranos** constituían la intimidatoria puerta principal de la ciudad, mandada construir por Jaime I tras conquistar Valencia, para dejar así su impronta (las obras comenzaron en 1392). Hacia el s. XVI sirvió de cárcel para nobles y caballeros, y el campanario a un costado se utilizaba para avisar a los vecinos cuando alguno lograba fugarse. No hay excesiva información por dentro, pero vale la pena subir a lo más alto *(2 €, gratis do)* para las vistas sobre los tejados de terracota y el arbolado Jardín del Turia.

Mover los pies a ritmo de 'jazz'
BAR DE JAZZ

PLANO: 3 P. 72 **C3**

Sofocante y recoleto, **Jimmy Glass** *(jimmyglassjazz.net, 16 € aprox.)* tiene todo lo que debe tener un club de *jazz*. Abierto desde 1991, se caracteriza por su iluminación ínfima, su completísima barra, y un escenario en el que suenan algunos de los mejores músicos nacionales e internacionales. Basta conseguir mesa y sucumbir a la magia, p. ej., de saxofonistas neoyorquinos o pianistas parisinos. Se puede enviar un correo electrónico para reservar o ir directamente a probar suerte. No hay que llegar con la sesión empezada.

Descubrir una cava medieval
CATA DE VINOS

PLANO: 4 P. 72 **D3**

Fundada en 1994 con ayuda de la Comunitat Valenciana, **Proava** es una agencia de *marketing* que promueve excelentes vinos, aceite de oliva y charcutería de la tierra. Se asienta sobre las ruinas de una casa medieval con una enorme cava que fue hallada durante unas obras en la plaza adyacente.

Su antigua bodega es hoy **El Celler,** que organiza eventos en torno a la comida y la bebida. Se recomienda reservar la experiencia **Cellerer** *(proava.org/el-celler-valencia, 18,50 €)*, donde, tras realizar un circuito por la cava, se participa en una cata guiada de tres vinos de la región (puede modificarse según las preferencias propias), acompañada de chorizo y queso de granjas cercanas.

Encontrar el cóctel perfecto

COCTELERÍA

PLANO: 6 P. 72 **C3**

Para un buen cóctel, el **Botanista Cocktail Bar** *(@botanistabar, cócteles desde 13 €)* es una apuesta sencilla pero fiable, atendido por un personal afable y profesional. Su dueño es Gabriel, que cuando no está agitando la coctelera a ritmo de Aretha Franklin, se dedica a cortar el hielo al milímetro o a disfrutar de un Old Fashioned mientras charla con clientes habituales.

El bar es tan pequeño que resulta inevitable rozarse con otros clientes y terminar entablando conversación tras un par de tragos. Muy recomendable el *tehuana,* un complejo brebaje de regusto ahumado a base de mezcal y licor de chile.

Descender a refugios históricos

REFUGIO ANTIAÉREO

PLANO: 7 P. 72 **E3**

En 1936, Valencia pasó a ser la capital de España, al menos para los republicanos. Y es que durante la Guerra Civil, el Gobierno republicano se trasladó de Madrid a Valencia –por ser relativamente más segura–, y permaneció allí hasta el final de la contienda. Eso explica los frecuentes bombardeos y la proliferación de refugios antiaéreos por toda la ciudad. Aún pueden verse y son muy fáciles de identificar, pues su tipografía –redondeada y de estilo *art déco*– se diseñó para que la población los reconociera durante una emergencia. Dicha tipografía es hoy un icono local.

Visitar el **Refugio de la Guerra Civil** en la calle Serranos *(visit valencia.com, gratis, WhatsApp +34 604 040150)* es una experiencia conmovedora: en sus paredes se conservan los dibujos de bombarderos realizados por niños.

LA CASA DE LOS GATOS

PLANO: 5 P. 72 **C2**

Entre las casas adosadas de la calle Museo se encuentra una pequeña fachada de no más de 60 cm de altura. Pertenece a la **Casa de los Gatos,** una minimansión para mininos provista de una diminuta entrada y puertas de estilo francés con cortinas de tamaño acorde. La realizó el escultor Alfonso Yuste Navarro en el 2003, y conduce a un patio abierto donde los felinos se mueven a sus anchas. La obra está dedicada a los gatos que sobrevivieron tras el 1094, año en que el Cid conquistó Valencia y –según la leyenda– mandó erradicar todos los gatos. Por suerte, a estos felinos hoy se les trata como a reyes.

SUGERENCIAS

Lo mejor para...

€ Económico €€ Medio €€€ Alto

Localizaciones en el plano de la **p. 72**

Comer

Cafés y 'brunch'

El Coffi del Carmen €
8 D2
En el dédalo de callejas se halla este local *vintage* con un excelente café, tartas y huevos preparados de mil y una formas. *9.30-16.00 mi-vi, desde 10.00 sa y do*

Casa Fran €
9 A4
Estiloso espacio lleno de velas artesanas, bolsas de tela y revistas de café. Destacan la granola casera, la tostada francesa con fruta y los huevos fritos. *9.00-18.00 lu-sa*

Vegetariana y vegana

Kukla €
10 E2
Fantástico, tienta con sus esponjosas pitas de falafel y un cremosísimo *hummus*. Reservas a través de la web. *20.00-23.00 lu, 13.00-16.00 y 20.00-23.00 ma-sa*

Mestizo €
11 D3
El origen de sus dueños (argentino, palestino y español) propicia un ecléctico despliegue de platos en este café de lo más acogedor. *9.30-16.30*

La Lluna €
12 B3
En el que supuestamente fue el primer restaurante vegetariano de la ciudad la comida es casera y a la vieja usanza. *13.30-16.30 y 20.00-23.30 lu-sa*

Tapas modernas

La Latería del Carmen €
13 C3
Vermú, conservas de pescado exquisitamente presentadas y ambiente perennemente agradable. *19.00-24.00 ma-vi, 12.00-17.00 y 19.00-24.00 sa, 12.00-17.00 do*

Café Museu €
14 C2
Frecuentado por bohemios, aquí lo suyo es pedir un pincho de tortilla y una caña para tomar en su soleada terraza. *16.00-23.00 ma-ju, desde 10.00 vi, desde 11.00 sa y do*

IO Restaurante €€
15 C3
Favorito local, algo recóndito, con una sombreada terraza, zona de juegos infantil y sustanciosos platos. *13.30-15.45 y 20.15-23.00 mi-sa*

Baratos y joviales

Gina Melenas €
16 A3
Local de moda abarrotado de jóvenes a la última en busca de *pizza* barata y una mesa en la terraza. *9.30-0.30 lu-vi, desde 10.30 sa y do*

Cantina Monterey €
17 D3
Efervescente propuesta que atrae a una joven clientela local con ricos tacos y margaritas épicos. *18.00-1.30 ma-sa*

Beber

Cócteles

Blanq Terrassa Rooftop
18 D1
La azotea del Blanq Carmen Hotel abre cada tarde al público en general, que disfruta de mojitos helados y vistas de las Torres de Serranos. *16.30-24.00*

Christopher Cócteles
19 B4
De estética *kitsch,* promete creaciones de inspiración cinéfila, como el Gran Lebowski o el afrutado Jumanji. *20.00-1.30 mi-sa, desde 19.30 do*

Enotecas

Vinostrum
20 C3
Refinadas tapas y garnacha de Castellón en una moderna bodega del mercado Mossen Sorell. *9.30-15.30 y 17.30-20.30*

Taberna el Templat
21 C3
Diminuta y acogedora, con vinos locales y vermús acompañados de *gildas* y queso. *19.00-1.30 lu-vi, 12.00-16.00 y 20.00-1.30 sa*

Comprar

'Vintage' y antigüedades

Santo Spirito Vintage
22 C3
Templo de lo *vintage,* con camisas estampadas de flores y Levi's desgastados, entre otras prendas de moda urbana. *11.30-14.30 y 17.00-21.00 lu-sa*

Pannonica
23 C3
Gafas de sol retro, material antiguo de laboratorio, preciosos sofás de mediados de siglo... Las sorpresas no tienen fin en este tesoro oculto. *11.30-20.00 lu-vi, 12.00-14.30 sa*

Arte y postales

Sebastian Melmoth
24 D3
Tienda conceptual repleta de láminas, polaroids en blanco y negro, cerámica de producción limitada y preciosos artículos de papelería. *10.30-14.00 y 16.00-20.00 lu-sa*

The Espanista
25 E4
Ofrece grabados de artistas locales, postales dignas de enmarcar y una pequeña sección de libros, además de su propia marca de vermú y jamón. *10.30-20.30*

Artículos sostenibles y artesanía

Pángala
26 C2
Mochilas, bolsos bandolera y carteras hechos allí mismo con papel reciclado endurecido; posibilidad de personalizar el pedido. *11.00-14.00 y 16.30-20.00 lu-ju, 11.00-14.00 vi*

El Podenco
27 C1
Arte y artesanía de iniciativa comunitaria, incluidas *tote bags* de plástico fabricadas en Valencia, cerámica y joyería. *11.00-14.00 y 18.00-21.00 mi-sa, 11.00-19.00 do*

Plou Estudi
28 A3
Estudio de alfarería de lo más chic donde surtirse de coloridos jarrones o delantales de confección local. *11.00-14.00 y 17.00-20.30 lu-vi*

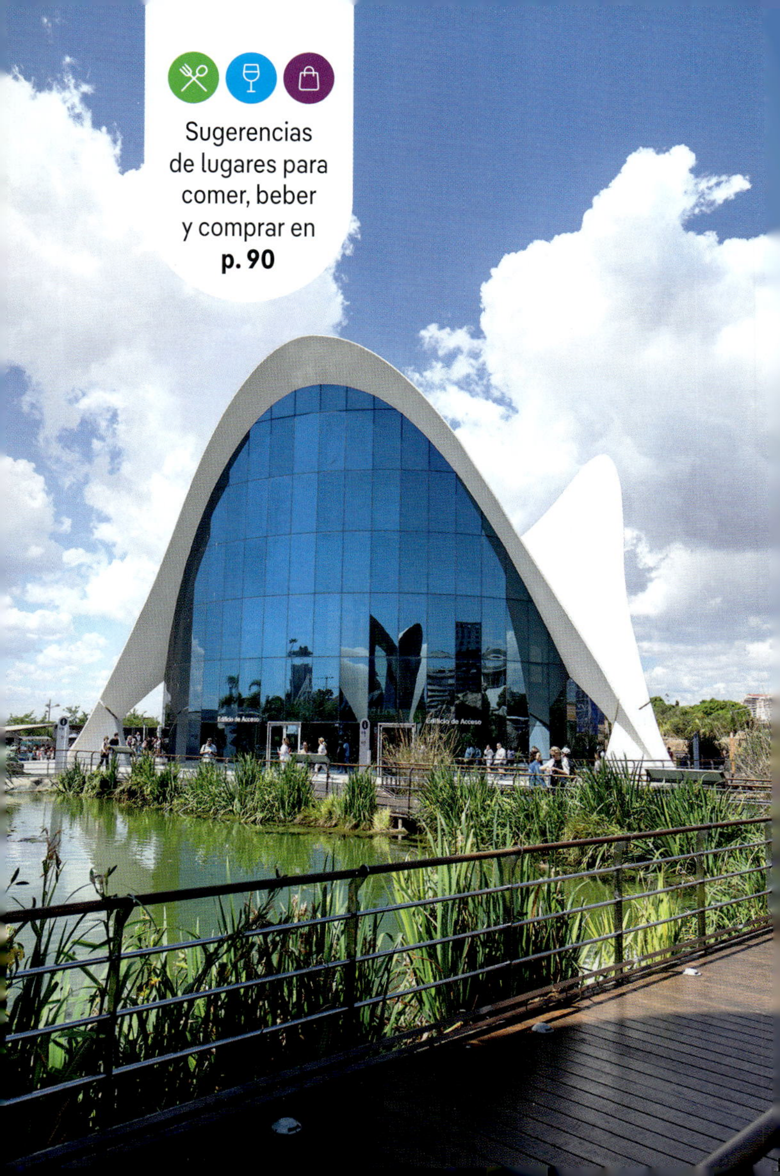

Sugerencias de lugares para comer, beber y comprar en **p. 90**

Explora L'Eixample y sur de Valencia

L'Eixample (El Ensanche) se construyó cuando Valencia empezó a ser demasiado grande para su casco antiguo. Dispuesto en el s. XIX, forma un damero de elegantes calles y anchas avenidas. Esta guía se centra en la parte derecha, dominada por tiendas y restaurantes de categoría. No faltan tampoco las tabernas y panaderías centenarias, que suponen un agradable contraste frente a los modernos puntos de interés a su alrededor. Al sureste queda la fascinante Ciudad de las Artes y las Ciencias, uno de los principales reclamos que atesora la ciudad.

Cómo desplazarse

Autobús

El nº 35 va a la Ciudad de las Artes y las Ciencias desde la Estación del Norte (vía L'Eixample y Russafa); el nº 95, desde las Torres de Serranos.

Metro

La estación de Colón es la más práctica para ir a la zona de tiendas; pasan por el barrio las líneas 3, 5, 7 y 9.

Tranvía

La línea 10 (integrada en la red de metro) va de la estación de Alacant a la de Russafa (en el límite sur de L'Eixample) y continúa hasta la Ciudad de las Artes y las Ciencias.

Oceanogràfic (p. 85), Ciudad de las Artes y Ciencias.

BLAKE HORN/LONELY PLANET ©

★

LO MEJOR

ARQUITECTURA
Ciudad de las Artes y las Ciencias (p. 83)

MARTINI SECO
Aquarium (p. 88)

MERCADO REFINADO
Mercado de Colón (p. 88)

TURRÓN
La Rosa de Jericó (p. 88)

FACHADA COLORISTA
Casa Judía (p. 88)

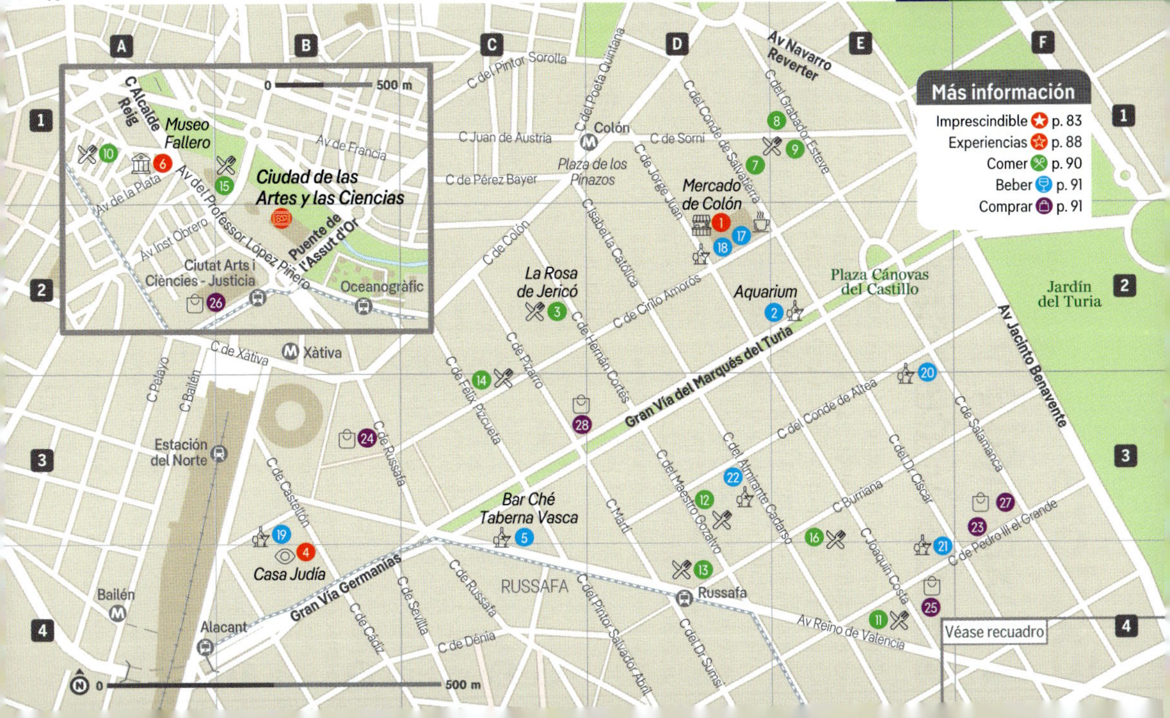
Más información
Imprescindible p. 83
Experiencias p. 88
Comer p. 90
Beber p. 91
Comprar p. 91
Mercado de Colón
Ciudad de las Artes y las Ciencias
Museo Fallero
Puente de l'Assut d'Or
Oceanogràfic
Ciutat Arts i Ciències - Justicia
La Rosa de Jericó
Aquarium
Plaza Cánovas del Castillo
Jardín del Turia
Bar Ché Taberna Vasca
Casa Judía
RUSSAFA
Estación del Norte
Xàtiva
Colón
Bailén
Alacant
Russafa
Gran Vía del Marqués del Turia
Gran Vía Germanías
Av Jacinto Benavente
Av Navarro Reverter
Av Reino de Valencia
C Alcalde Reig
Av del Professor López Piñero
Av de Francia
Av de la Plata
Av Inst Obrero
C de Xàtiva
C Pelayo
C Bailén
C del Pintor Sorolla
C Juan de Austria
C de Pérez Bayer
C del Poeta Quintana
Plaza de los Pinazos
C de Sorní
C de Jorge Juan
C del Conde de Salvatierra
C del Grabador Esteve
C Isabel la Católica
C de Colón
C de Cirilo Amorós
C de Hernán Cortés
C de Pizarro
C de Félix Pizcueta
C de Russafa
C de Castellón
C de Sevilla
C de Cádiz
C de Dénia
C Martí
C del Pintor Salvador Abril
C del Dr Sumsi
C del Maestro Gozalvo
C del Almirante Cadarso
C del Conde de Altea
C Burriana
C del Dr Ciscar
C Joaquín Costa
C de Salamanca
C de Pedro III el Grande
Véase recuadro
0 500 m
A B C D E F
1 2 3 4

★ IMPRESCINDIBLE

Ciudad de las Artes y las Ciencias

Este espectacular complejo se extiende a lo largo de 1,5 km en el antiguo cauce del Turia. Su construcción es en su mayor parte obra del valenciano Santiago Calatrava, arquitecto controvertido debido a los sobrecostes y problemas de diseño que han sufrido algunas de sus creaciones. Pese a todo, es un lugar impresionante, muy indicado para ir en familia.

Palau de les Arts Reina Sofía

PLANO: P. 82 **B2**

Pese a los sobrecostes y problemas de diseño, es innegable que este proyecto valorado en 1200 millones de euros ha transformado la ciudad. Iniciado en 1994, su arquitectura gira en torno a su imponente esencia y trazado curvo, que Calatrava supo equilibrar mediante el uso de *trencadís,* un tipo de tesela local. Seguramente resultan más espectaculares en el **Palau de les Arts Reina Sofía,** que se alza cual gigantesco escarabajo junto al antiguo lecho del río. Es un ultramoderno complejo de las artes escénicas con cuatro auditorios; su salón principal acoge actuaciones de ópera.

Aquí es donde venden las entradas para las visitas guiadas; no es preciso reservar previamente, basta dirigirse a la taquilla, al otro lado del puente. Los circuitos cuestan 12 €/persona *(11.00, 12.15, 13.30, 15.45 y 17.00, lu-sa; 11.00, 12.15 y 13.30 do).* Los circuitos solo recorren el Palau de les Arts, pero son más asequibles que la visita guiada de 80 € *(cac.es)* que abarca todo el complejo.

CONSEJO
Si el presupuesto no alcanza, dar un paseo por el recinto es gratis, lo mismo que dejar una mochila en el Museo de las Ciencias.

Escanea este código QR para horarios y más información.

Hemisfèric.
YANA YERMAK/SHUTTERSTOCK ©

UNA PAUSA
Situado debajo del Palau de les Arts, el **Restaurante Contrapunt** está atendido por un simpático personal. Tras agenciarse un sofá de mimbre, lo suyo es pedir un trozo de tarta de queso.

Hemisfèric y Museo de las Ciencias

Al sur, el imperturbable ojo del **Hemisfèric** aloja un cine IMAX con una inmensa pantalla de 900 m^2. Si no atrae la idea de ver una proyección, dar un garbeo es siempre agradable. Las barras dispuestas a lo largo del tejado parecen pestañas, mientras que en la 'pupila' se esconce el cine. Cruzando un espejo de agua se halla el **Museo de las Ciencias,** que recuerda al gigantesco esqueleto de una ballena. Muestra desde puzles de ADN a juegos mentales de pelota. La siguiente parada es la colosal estructura del CaixaForum, que depara interesantes exposiciones de temática dispar.

Oceanogràfic

Al este queda el **Oceanogràfic,** con un túnel de tiburones como atractivo estrella; además, alberga el centro de rehabilitación de especies marinas ARCA del Mar, donde se cuida de tortugas heridas y se libera al océano a crías algo más crecidas para incrementar sus probabilidades de supervivencia. Un aspecto menos positivo del acuario es que tiene en cautividad ejemplares de delfín y belugas.

Arte y jardines

Adueñándose de la parte oeste del recinto, el **Umbracle** es presumiblemente el aparcamiento más vistoso del mundo, a resguardo de un tejado compuesto por arcos y jardines. Afuera se encuentra el **Jardín de Astronomía,** lleno de instrumentos para contemplar el firmamento, medir la altura del Sol o calcular la localización de la Luna. Cerca está el **Paseo del Arte,** una galería al aire libre que alberga exposiciones temporales de artistas de todo el orbe. El polaco Igor Mitoraj se encargó de flanquearlo con sus dominantes esculturas inspiradas en la Antigua Grecia, mientras que Hung Yi desplegó cisnes de vivos colores que reflejan su cultura.

La magia del 'jazz'

Valencia, una de las ciudades donde tiene sede la prestigiosa Berklee College of Music de Boston, acoge a lo largo de abril y mayo el festival de música **Un Lago de Conciertos,** una serie de actuaciones al aire libre –desde *jazz* a R&B– a cargo de los mejores grupos del instituto, integrados por alumnos universitarios y de posgrado. El escenario está detrás del Museo de las Ciencias (consultar la programación en valencia.berklee.edu). Los alumnos ofrecen recitales más formales en el Palau de les Arts Reina Sofía. Más detalles en la web.

CALATRAVA EN VALENCIA

El célebre arquitecto es autor de otros edificios menos conocidos repartidos por Valencia. El **Pont Nou d'Octubre** fue su primer encargo en su ciudad natal. Acabado en 1989, ya muestra características propias de Calatrava: guardarraíles futuristas y formas orgánicas. No hay que perderse tampoco la **estación de metro de Alameda,** revestida de reluciente *trencadís,* realizada también por él en 1995.

CIRCUITO A PIE

Paseo por L'Eixample

Con calles bien trazadas y restaurantes de calidad, L'Eixample es ideal para el disfrute y el esparcimiento; además, alberga algunos de los edificios más impresionantes de la ciudad. En su extremo sur se halla la Ciudad de las Artes y las Ciencias, a la que hay que dedicar un día entero si apetece verse íntegramente.

INICIO	FINAL	DURACIÓN
Mercado de Colón	Ciudad de las Artes y las Ciencias	2,7 km; 35 min

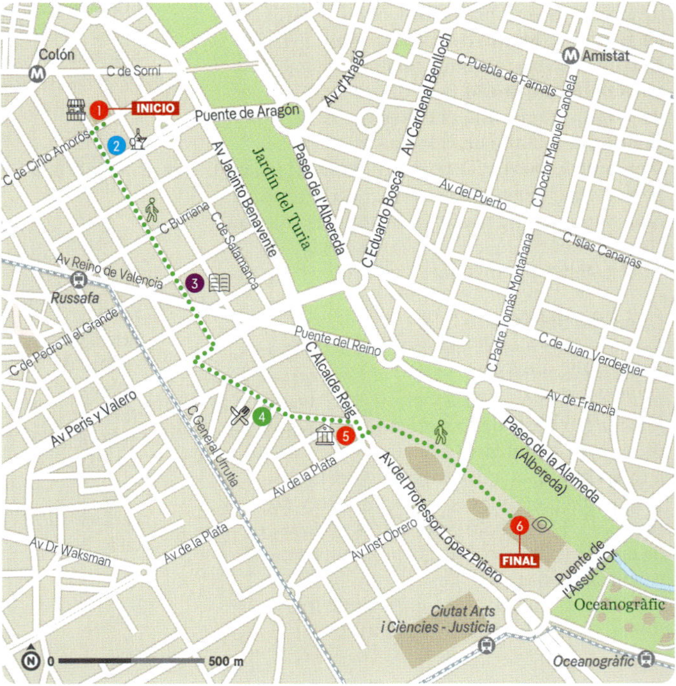

1 Excepcional mercado

La ruta empieza en el **mercado de Colón** (p. 88), una impresionante estructura modernista, inaugurada en 1916 para atender a la creciente burguesía del flamante barrio de L'Eixample, con deslumbrantes florituras de cerámica que son una delicia.

2 Un bar atemporal

Tras salir del mercado hacia la calle de Jorge Juan, se tuerce a la izquierda y se va una manzana en dirección sur para, luego, girar de nuevo a la izquierda por la Gran Vía del Marqués del Turia. Repárese en el lustroso maderaje oscuro de **Aquarium** (p. 88), una cervecería de encanto nostálgico donde disfrutar de un martini bien frío, servido por camareros ataviados con chaquetas blancas.

3 Librería sostenible

Desde Aquarium se cruza hacia la calle de Joaquín Costa, pasando frente a elegantes edificios y *boutiques* antes de recalar en **Re-Read** (p. 91), una librería con conciencia ecológica que aspira a reducir el impacto ambiental vendiendo solo novelas de segunda mano.

4 Marisquería

Se gira a la izquierda por la misma calle, que cruza la av. del Regne de València, y tras dejar atrás la av. de Peris y Valero, se tuerce a la derecha y, acto seguido, a la izquierda por la calle Pedro Aleixandre. Se pasa por fruterías y bloques de pisos de la década de 1970, hasta topar con el **Restaurant JM** (p. 90), una marisquería perfecta para deleitar el paladar con navajas, vieiras y demás exquisiteces sentado en un taburete con un *spaghetti western* de fondo.

5 Esculturas icónicas

Caminando 300 m en la misma dirección se llega al **Museo Fallero** (p. 89), donde se exhiben los mejores *ninots,* es decir, los que cada año son indultados durante las Fallas, y que sin duda merece una visita por las maravillosas obras de arte que atesora.

6 Asombrosa arquitectura

Desde la misma puerta del Museo Fallero se observa la deslumbrante carcasa del Palau de les Arts Reina Sofía. Yendo hacia la futurista ópera de Calatrava, se descienden las escaleras que conducen a la extraordinaria **Ciudad de las Artes y las Ciencias** (p. 83). Se puede visitar el Museo de las Ciencias, para trastear con sus experimentos científicos, o poner la directa a la providencial terraza del Restaurante Contrapunto (p. 90) y pedir una caña bien fresquita.

EXPERIENCIAS

Admirar el mercado de Colón

MERCADO

PLANO: 1 P. 82 **D2**

En su día dirigido a las clases acomodadas de L'Eixample, el majestuoso **mercado de Colón** *(mercadocolon.es)* es hoy un refugio de cafés y delicatesen. Su extraordinario edificio lo diseñó Francisco Mora Berenguer, un arquitecto local formado en Barcelona. Previamente, había presentado su propuesta de diseño para el Mercat Central, que terminó siendo desestimada. El arquitecto, natural de Sagunto, se resarció con esta belleza en la que incorporó una versión valenciana del estilo modernista, con imaginería de naranjas y las fértiles tierras de labranza de la región. Incluso los días más tórridos lo recorre una providencial brisa, lo que lo convierte en un sitio genial para refrescarse a cualquier hora del día con un helado de leche merengada con un toque de canela en Casa Orxata (p. 91).

Tomarse un martini en la Cervecería Aquarium

BAR

PLANO: 2 P. 82 **E2**

Fundado oficialmente en 1957, **Aquarium** *(aquariumcerveceria.com)* es un bar de temática náutica y elegancia simpar que cuenta con ojos de buey, escenas submarinas y lustrosos reservados de madera con asientos de piel. Encantador en mayúsculas, la especialidad es su generoso martini seco. En materia culinaria, nada supera su excelente *esmorzaret* (segundo desayuno valenciano) y, para más señas, el contundente pepito de ternera.

Probar el mejor turrón de la ciudad

PANADERÍA

PLANO: 3 P. 82 **C2**

El turrón es un manjar que, si bien puede disfrutarse en cualquier época del año, goza de mayor popularidad en Navidad. Si se pregunta a cualquier valenciano quién prepara el mejor turrón del lugar, lo más probable es que la respuesta sea **La Rosa de Jericó** *(larosadejerico.es; turrón de Alicante, 39 €)*, cuyas irresistibles tabletas llevan almendras tostadas mezcladas con clara de huevo y miel; se trata de un producto artesanal, solo disponible en época navideña. Si se visita en verano, se pueden probar las sublimes frutitas de mazapán y tartas heladas.

Ver la casa más elegante de Valencia

ARQUITECTURA

PLANO: 4 P. 82 **B4**

Al ir hacia Russafa desde el centro, es obligado detenerse en la **Casa Judía,** un enorme y colorido edificio a rayas diseñado en 1930 por el arquitecto Juan Francisco Guardiola Martínez, según dicen, a petición del rabino Yosef Shalom. La estrella de David situada sobre la puerta delantera y su dueño derivaron en su apodo de "Casa Judía", aunque lo cierto es que se sabe poco acerca

HISTORIA DEL TURRÓN

Los árabes trajeron a España el turrón (o *turun*), cuya primera mención escrita se remonta al s. XI. Pero lo cierto es que este no se implantó hasta el s. XV, concretamente en Alicante, donde los empleadores mostraban su agradecimiento a los trabajadores entregándoles cantidades ingentes de turrón. Tan generosas eran aquellas gratificaciones, que en 1595 el rey Felipe II exhortó a poner fin al despilfarro que las autoridades alicantinas generaban al regalar semejantes cantidades de turrón.

de sus orígenes. Hay quienes dicen que la comunidad hebrea local celebraba aquí actos religiosos privados. Hoy, es un edificio residencial con un ecléctico estilo *art déco,* unas torres propias de una pagoda y motivos de inspiración hindú.

Visitar un encantador bar de tapas BAR

PLANO: 5 P. 82 **C3**

Casi nada ha cambiado en el **Bar Ché Taberna Vasca** desde que abriera sus puertas en 1933, ¡ni siquiera algunas personas asociadas a él! Un camarero, p. ej., recuerda cuando iba al bar de pequeño, y que la vieja caja registradora manual (una reliquia con pesetas y céntimos) lleva décadas en el mismo sitio. Incluso en los momentos de mayor afluencia, el personal encuentra la forma de charlar con los clientes. Su comedor, con mantelerías a cuadros verdiblancos, es seguramente uno de los marcos más fotogénicos de la ciudad. Entre sus sencillas y asequibles raciones de toda la vida destacan la chistorra y el pulpo.

Aprender acerca de las Fallas MUSEO

PLANO: 6 P. 82 **A1**

En cada edición de las Fallas, el voto popular indulta única y exclusivamente a uno de los miles de *ninots* que integran la base de una falla, es decir, las enormes estructuras de cartón piedra, madera, poliestireno y demás materiales que se montan por las calles de la ciudad. Dichos *ninots* se exhiben en el **Museo Fallero** *(valencia.es, 2 €),* y por regla general expresan un mensaje político o cultural que los visitantes no siempre alcanzan a entender. Pese a todo, vale la pena verlos ni que sea solo por su valor artístico. También se muestran los retratos de las falleras mayores, las máximas representantes que cada año elige la comunidad fallera. A los amantes del diseño les encantarán los carteles antiguos anunciando las Fallas, incluidos los magníficos ejemplares de la década de 1930.

SUGERENCIAS

Lo mejor para...

€ Económico €€ Medio €€€ Alto

Localizaciones en el plano de la **p. 82**

Comer

'Brunch' y almuerzo

La Más Bonita €
7 D1
La sucursal en Salvatierra de este pequeño grupo gastronómico aporta ambiente bohemio playero y ricos *brunches* al centro. *8.30-20.30 lu-vi, desde 9.00 sa y do*

East Crema Coffee €
8 E1
Un interior minimalista, una compacta carta de *brunch* y *flat whites* decorados con rosetas. *8.00-20.00 lu-vi, desde 9.00 sa y do*

La Petite Brioche €
9 E1
Panadería y restaurante con un toque francés, que sirve crepes, quiches de espinacas y feta, opíparos desayunos y tentadores batidos con mucha nata. *9.00-20.00*

Establecimientos entrañables

Restaurant JM €€
10 A1
Restaurante tradicional con un expositor para el fresquísimo pescado y marisco que traen del mercado. *9.00-17.00 y 19.30-24.00 ma-sa*

Tapas modernas

Bar Congo €
11 E4
Famoso por sus "conguitos", pulguitas de pan, a 4 €, rellenas, p. ej., de morcilla y membrillo. *9.00-23.00 ma y mi, hasta 0.30 ju-sa*

Ultramarinos Huerta €€
12 D3
En esta taberna contemporánea hay que probar tantas raciones como sea posible, incluidos los huevos rotos con atún rojo picante. *13.00-16.30 y 20.00-23.30 ma-sa*

Goya Gallery Restaurant €€
13 D4
Una fiel clientela vestida de punta en blanco frecuenta este elegante restaurante con inmaculadas mantelerías y galardones a la mejor paella. *13.00-18.00 ma, mi y do, 13.00-18.00 y 21.00-0.30 ju-sa*

La Majada Quesos €€
14 C3
Ofrece un bufé con 50 variedades de quesos (hay que reservar), desde cremosos a increíblemente intensos. *20.00-24.00 ma-ju, 14.00-15.30 y 20.00-24.00 vi y sa*

Restaurante Contrapunto €€
15 B1
Sofás de mimbre, fantásticas vistas y una épica tarta de queso. No hay que dejarse impresionar por las cuerdas de terciopelo rojo de la entrada: el personal es muy cordial. *12.00-24.00 mi-sa, 17.00 do*

Panaderías

Mòlt €
16 E3
Esponjoso pan de masa madre, más irresistibles *babkas* de chocolate y torrijas. *9.30-20.30 lu-vi, hasta 14.00 sa*

Beber

Horchata

Horchatería Daniel

17 D2

Abierta en el hogar familiar en 1949 (Salvador Dalí era un incondicional), esta horchatería cuenta hoy con tres locales en Valencia; el del mercado de Colón tiene la terraza más apetecible. *10.00-22.00*

Casa Orxata

18 D2

Horchatería ecológica con una variedad sin azúcar *(al punt)*. *8.30-21.30 lu, desde 9.15 ma-ju y do, 9.15-22.30 vi y sa*

Cerveza y vinilos

Splendini Bar i Discos

19 B3

Divertido híbrido de tienda de discos y bar en el que suena funk y *soul* a cargo de DJ. *19.00-23.00 mi, 19.00-0.30 ju, 19.00-1.30 vi y sa*

Portland Ale House

20 E2

En una bocacalle de la Gran Vía aguarda esta cervecería artesana de estética estadounidense, perteneciente a la Stone-Castle Brewery. *19.00-1.30 ma-sa*

Vino y jerez

Terra à Vins

21 E4

Un entendido personal, que siente verdadera pasión por el jerez, atiende esta sensacional enoteca con magistrales champanes y divertidos tintos naturales. *18.00-23.00 mi-sa*

Angolo DiVino

22 D3

Genuino local italiano donde probar vino hecho con uvas nerello mascalese en las laderas del monte Etna *11.30-14.00 y 17.30-22.00 ma-ju, hasta 23.30 vi, 17.30-23.30 sa*

Comprar

Productos locales

El Hogar del Ibérico

23 F3

Deli por delante, sala de degustación por detrás. Resérvese una noche para maridar jamón con vino. *11.00-14.00 y 18.00-23.00 lu-vi, 11.00-14.00 sa*

Trufas Martínez

24 B3

Inaugurado en 1931 en un fastuoso establecimiento revestido de mármol; venden un selecto trufón a 100 €/kg. *9.30-20.00 lu-sa, 10.00-14.00 do*

Librerías

Re-Read

25 E4

Librería ecosostenible que ofrece una nueva vida a obras de segunda mano, desde cómics a novelas de Agatha Christie. *10.00-14.00 y 16.00-20.00 lu-vi*

Casa del Libro

26 A2

Enorme tienda del climatizado centro comercial Saler. *10.00-22.00 lu-sa, 11.00-21.00 do*

Fragancias y velas

deSantaTeresa

27 F3

Velas artesanales y cosméticos ecológicos en una refinada tienda dominada por los tonos ocres. En la parte de atrás imparten talleres de yoga, meditación y conciencia plena. *10.00-14.00 y 16.00-20.30 lu-vi, 10.00-14.00 sa*

Linda Vuela a Río

28 C3

Perfumes escogidos por un perfumista experto, desde los aromas de moda de Acne Studios y Aēsop a las creaciones de la ibicenca Beso Beach. *10.00-14.00 y 17.00-20.30*

★ MERECE LA PENA

Travesía por la Albufera

Situada 10 km al sur de Valencia, la fabulosa Albufera es la cuna de la paella. Allí, los arrozales abrazan una laguna de agua dulce de 27 km^2, y en la pedanía de El Palmar, los restaurantes a la vera de los canales sirven platos de arroz en paellas empleando ingredientes de la tierra.

CONSEJO
El autobús nº 25 va de Valencia a El Saler y El Palmar más o menos cada 30 min. También hay carriles-bici que unen Valencia con El Saler.

Acerca de la Albufera

El **Parque Natural de la Albufera** es una reserva situada inmediatamente al sur de Valencia. En su laguna litoral se lleva practicando la pesca desde la prehistoria, y sus arrozales existen desde el s. XVIII. Con el arroz que aquí se cultiva se preparan las mejores paellas, y de ello dan buena cuenta los restaurantes de **El Palmar.** Por desgracia, la contaminación y la urbanización descontrolada casi destruyeron la Albufera. En la década de 1970 se intentó convertir la playa de La Devesa en un complejo turístico, pero el clamor popular logró detener el proyecto. En 1986, la zona fue declarada reserva natural, y el Gobierno y los grupos ecologistas empezaron a centrarse en la calidad del agua y la biodiversidad (las tortugas fueron reintroducidas en el 2013). Hoy se ha regenerado más del 45% de las playas dañadas. Asimismo, los proyectos de recuperación de fauna y flora han logrado revivir las dunas y ecosistemas de Albufera: uno de los motivos por los que Valencia fue Capital Verde Europea 2024.

Escanea este código QR para información sobre billetes de autobús y paseos en barca.

Dar un paseo en barca

En la zona se organizan travesías en barca con pescadores que utilizan embarcaciones de fondo plano y redes para capturar peces y anguilas en las aguas poco profundas de la laguna. Jaime,

Excursión en barca por la Albufera.
QART HADASHT/SHUTTERSTOCK ©

natural de la Albufera, lleva varios años ofreciendo excursiones a través de la agencia **Paseos en Barca El Pero** *(@paseosenbarcaelpero, circuito privado de 50 min 40 €, máx. 10 pasajeros)*. Se navega a bordo de un *albuferenc,* una barca típica valenciana que invita a disfrutar plácidamente de este paisaje tachonado de juncos, garzas y las clásicas *barracas*. Durante la travesía, Jaime muestra la fauna y repasa la historia de la zona. Para admirar la puesta de sol, hay que reservar el **crucero al atardecer** *(60 €)* o visitar el **mirador El Pujol.**

Chapotear en la playa

A la repoblada **Devesa** solo se puede acceder a pie por un sendero frecuentado por mariposas y perfumado por romero y pinos. La playa está respaldada por dunas y cuajada de conchas marinas; no hay bares.

UNA PAUSA

Hay que probar la galardonada paella de la casa (con caracoles, si así se desea) del **Bon Aire** *(13.30-15.30 lu-vi, 13.15-15.45 sa y do),* que como mejor se disfruta es en su terraza, con vistas a los arrozales.

Sugerencias de lugares para comer, beber y comprar en **p. 104**

Explora Russafa

Cuando el barrio del Carmen empezó a volverse demasiado popular, la gente creativa decidió mudarse a Russafa, lo que propició que esta zona se transformara en un centro de vitalidad y cultura. Hoy, su popularidad es tremenda, tanta que algunos de los pioneros ya se plantean trasladarse, pero lo cierto es que todavía reina un ambiente fantástico. Y la oferta culinaria también es genial: locales de *dumplings* coreanos coexisten con propuestas vegetarianas nórdicas, sin que falten ni el buen café ni panaderías donde surtirse cada mañana de esponjosos rollos de canela. De día, las galerías independientes y tiendas *vintage* mantienen entretenido al visitante, mientras que al caer la noche las calles se llenan de gente pululando entre restaurantes y coctelerías.

Cómo desplazarse

Autobús

Varios autobuses van a Russafa, como el nº 35, que circula entre la plaza del Ayuntamiento y la Ciudad de las Artes y las Ciencias.

Tranvía

La estación de Russafa –en la línea 10 del tram, parte de la red de metro– queda a tres paradas de la Ciudad de las Artes y las Ciencias.

A pie

Russafa, a 20 min a pie de la parte sur del casco antiguo, es una zona compacta y se abarca fácilmente caminando.

Terraza de un café.

★

LO MEJOR

GALERÍA DE ARTE
Sporting Club Russafa (p. 99)

TAPAS
Maipi (p. 101)

CAFÉ
Los Picos (p. 103)

ENOTECA
The Wine Gallery (p. 105)

BUÑUELOS
Buñolería El Contraste (p. 100)

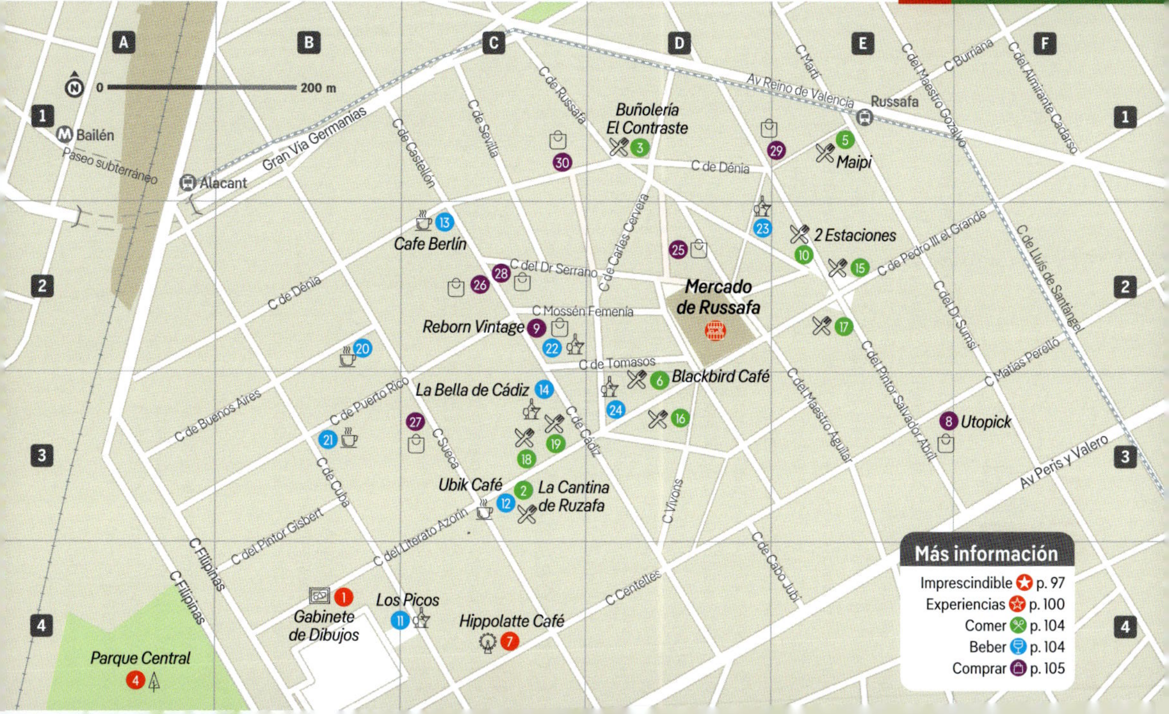
A
B
C
D
E
F
1
2
3
4
0
200 m
Bailén
Paseo subterráneo
Alacant
Gran Vía Germanías
C de Castellón
C de Sevilla
C de Russafa
Buñolería El Contraste
3
30
29
C de Dénia
Av Reino de Valencia
Russafa
C Martí
C del Maestro Gozalvo
C Burriana
C del Almirante Cadarso
5
Maipi
23
2 Estaciones
10
15
C de Pedro III el Grande
C de Lluís de Santàngel
13
Cafe Berlín
25
C de Carles Cervera
C del Dr Serrano
28
26
Mercado de Russafa
C Mossén Femenía
Reborn Vintage
9
22
17
C del Dr Sumsi
C de Dénia
20
C de Tomasos
Blackbird Café
6
C del Maestro Aguilar
C del Pintor Salvador Abril
C Matías Perelló
La Bella de Cádiz
14
24
16
8
Utopick
C de Buenos Aires
C de Puerto Rico
27
21
C Sueca
C de Cádiz
19
18
Av Peris y Valero
C de Cuba
Ubik Café
2
La Cantina de Ruzafa
12
C Vivons
C del Pintor Gisbert
C del Literato Azorín
C de Cabo Jubi
C Filipinas
C Filipinas
1
Gabinete de Dibujos
Los Picos
11
Hippolatte Café
7
C Centelles
Parque Central
4
Más información
Imprescindible p. 97
Experiencias p. 100
Comer p. 104
Beber p. 104
Comprar p. 105

★ IMPRESCINDIBLE

Mercado de Russafa

Alojado en una imponente estructura de hormigón, lo diseñó un vanguardista del brutalismo y abrió sus puertas en 1962. Dentro, los vendedores colocan con mimo pirámides de melocotón en almíbar y tarros de miel natural. A diferencia del Mercat Central, ha sabido conservar mejor su encanto de barrio.

PLANO: P. 96 **D2**

Breve historia

Situado en el centro de Russafa, surte a muchos de los restaurantes de los alrededores. Las obras comenzaron en 1957, siguiendo el diseño del arquitecto valenciano Julio Bellot Senet, un apasionado del estilo brutalista que en su día logró con el mercado una construcción de lo más revolucionaria. Originalmente, su acabado exterior era en hormigón; en el 2010, los listones se pintaron en distintos tonos de azul, naranja y gris topo.

Magníficos comerciantes

La mejor mercadería la tienen **Mastika L'Horta,** que vende jugosas sandías y cerezas de su finca ecológica al sur de Valencia (en su web detallan cuándo puede ir uno a recoger personalmente sus hortalizas), **Coop Altura,** con gran variedad de miel local y centenares de piruletas y el puesto de **Javier Morcillo,** cuyas algas desprenden olor a mar; afuera, en **Som Bio-Cosmética,** hay cepillos y pasta dentífrica ecosostenibles.

Una pausa para el café

Un buen sitio para cargar pilas es **Ikore Kofi,** donde los *flat whites* se preparan con granos tostados *in situ* y la bebida estrella, un *latte* con un toque anaranjado, se elabora con ingredientes naturales siguiendo una receta secreta.

CONSEJO

Una buena forma de ayudar a preservar estos mercados históricos es comprando algo. Los vendedores, siempre encantadores y dicharacheros, agradecerán el apoyo.

Escanea este código QR para horarios y una relación completa de puestos.

CIRCUITO A PIE

Paseo por Russafa

La mejor manera de empaparse del animado ambiente del barrio es dando un garbeo. Además de un par de galerías bien escondidas dignas de mención, la ruta pasa por unos cuantos locales situados fuera del radar turístico, sus calles más coloridas, y una mezcla de bares históricos y tentadoras propuestas de moda.

INICIO	FINAL	DURACIÓN
Sporting Club Russafa	Parque Central	1,8 km; 20 min

❶ Estudios de arte escondidos

Se empieza en el **Sporting Club Russafa,** una galería de arraigo popular instalada en un enorme antiguo almacén lleno de estudios de artistas prestos a charlar con los visitantes. Tras salir, se gira a la izquierda y, luego, por la primera calle a la izquierda; al llegar a la esquina se verá la Buñolería El Contraste, a la derecha.

❷ Excelentes buñuelos

En la **Buñolería El Contraste** (p. 100), de cuarta generación, se pide una ración de buñuelos hechos y fritos artesanalmente, que son perfectos también como desayuno; quienes lo prefieran, pueden reemplazarlos por un chocolate con churros.

❸ Productos frescos

Cruzando la calle, ligeramente a la izquierda, hay una calle peatonal que conduce al **mercado de Russafa** (p. 97). Tras atisbar su colorida fachada, se accede por la entrada de la derecha, que da a los puestos de pescaderías. Para abrir boca, no hay nada como pedir unas ostras frescas y una copa de cava antes de surtirse de queso y *paraguayos* para un pícnic.

❹ Divinas tartas

Desde el mercado se toma la calle de la Reina Doña María rumbo oeste. **Blackbird Café** (p. 101) tiene las mejores tartas del lugar, además de irresistibles *bostocks* de *brioche,* que bien pueden disfrutarse más tarde en un parque.

❺ Prendas 'vintage'

Saliendo hacia la derecha se dobla por la calle de Cádiz para luego detenerse en **Reborn Vintage** (p. 102), con geniales prendas de segunda mano.

❻ Alto para el café

Si se va al norte por la calle de Puerto Rico, la primera a la izquierda, se topa con el vistoso **Fran Café** (p. 104), que hace esquina con la calle de Cuba.

❼ Pequeña galería

Yendo al sur por la calle de Cuba, se tuerce por la segunda calle a la derecha y enseguida se encuentra **Gabinete de Dibujos** (p. 100), una coqueta galería escondida tras una modesta fachada blanca; para entrar, hay que tocar el timbre.

❽ Relax en el parque

Siguiendo por la calle del Literato Azorín se recala en el **Parque Central** (p. 101), la mayor zona verde del barrio. Una vez rebasada la antigua estación de trenes, al otro lado de un arco de buganvillas rosas, el paseo concluye tumbándose tranquilamente sobre el césped.

EXPERIENCIAS

Dar con una galería microscópica GALERÍA DE ARTE

PLANO: 1 P. 96 **B4**

Pese a no decir gran cosa desde fuera, si uno se fija con atención verá que su nombre está escrito en la fachada blanca: unas sencillas letras en relieve indican: **Gabinete de Dibujos** *(@gabinetededibujos, gratis)*. Basta tocar el timbre para que abran la puerta.

Alojada en una antigua estación de autobuses, esta galería espectacularmente remodelada ocupa un compacto espacio rectangular repleto de arte local. Las obras están vagamente ligadas a la temática del dibujo: un mes pueden verse delicados bocetos botánicos a lápiz y, al siguiente, bosquejos abstractos realizados con tuberías de colores.

Probar el 'cremaet' CANTINA

PLANO: 2 P. 96 **C3**

El *cremaet* es un delicioso café –elaborado con la misma cantidad de azúcar que de ron– que, en general, se pide al final del *esmorzaret* (p. 101). Se compone de café, cáscara de limón y canela en rama. Y una vez calentado, se flambea, removiendo sin parar hasta que el azúcar se haya disuelto. A continuación, se vierte un *espresso,* utilizando una cucharilla para que la crema se asiente en la parte superior. Un buen *cremaet* debe tener tres capas bien diferenciadas: la crema del café, el café y el ron.

Lo preparan estupendamente en **La Cantina de Ruzafa** *(@cantinaruzafa, almuerzo 7,50 €, con cremaet 1 € más),* cuyo comedor frente a un patio ajardinado es ideal para disfrutar de un contundente almuerzo rematado con un *cremaet*.

Mimarse con unos buñuelos CAFÉ

PLANO: 3 P. 96 **D1**

Durante las Fallas, las calles se impregnan del característico aroma de los buñuelos (en Valencia, unas pequeñas rosquillas fritas hechas con calabaza). Su origen se remonta a la Antigua Roma, pero en realidad saltaron a la fama en las primeras ediciones de las Fallas, cuando este bocado hoy tan típico se vendía a las multitudes que se reunían junto a las hogueras. Es por eso que se asocian al invierno (cuando se celebran las Fallas), pero en verdad se comen durante todo el año.

En sus inicios, la **Buñolería El Contraste** *(elcontraste.com)* se limitaba a despachar buñuelos, fritos en enormes recipientes de terracota sobre un fuego de leña abierto. Ahora, además de añadir churros a la carta, han modernizado su propuesta, pero Mariano sigue al pie del cañón, preparando los buñuelos a mano, del mismo modo que sus bisabuelos. Están especialmente ricos espolvoreados con azúcar y acompañados de un cortado.

¿QUÉ ES EL 'ESMORZARET'?

El *esmorzaret*, una especie de segundo desayuno que se come entre las 9.00 y 11.00, suele consistir en un bocadillo que se acompaña de panchitos, aceitunas y una cerveza (antes se optaba preferiblemente por vino con sifón), y termina con un *cremaet* o un café sin más. Tradicionalmente era una sustanciosa comida pensada para que los trabajadores pudieran afrontar la dura jornada laboral; hoy, es una tradición con mucho tirón entre todas las clases sociales, amén de un momento de relax. Eso sí, ¡que nadie ose llamarlo *brunch*!

Tomar el sol en el parque PARQUE

PLANO: 4 P. 96 **A4**

Construido en el 2019, el **Parque Central** es el oasis verde del barrio, con buganvillas que cada primavera cubren una arcada y palmeras que en verano proporcionan sombra. En la parte alta se sitúa una fuente interactiva por la que los peques corretean en días de calor –téngase presente que es peligroso bañarse en las otras fuentes y estanques del parque–. Al sur hay una amplia zona de césped para tomar el sol y un pequeño rocódromo donde los chavales lo pasan pipa.

Russafa no anda escasa de excelentes panaderías, entre ellas Le Roi y Blackbird Café, con toda clase de delicias para disfrutar de una agradable tarde en el parque.

Visitar un mítico bar de tapas RESTAURANTE

PLANO: 5 P. 96 **E1**

En las lindes de Russafa se sitúa el humilde bar de tapas **Maipi** *(maipi.es)*, todo un clásico que lleva en la brecha desde 1983, y cuyo dueño, Gabi Serrano, suele estar detrás de la barra dando órdenes como el capitán de un barco. A sus espaldas están los exhibidores de cristal donde muestran los productos del día como si fueran obras de arte. De las paredes cuelgan fotos en blanco y negro y bufandas de fútbol.

Sirven diversas tapas, como habas con huevos de codorniz, ensaladilla rusa y alcachofas con morcilla. Y si uno está de suerte, tal vez acabe de salir del horno una pierna de cordero. La carta de vinos está estructurada por regiones; siempre gustan el Rioja y el Ribera del Duero.

Tomar un 'brunch' en el Blackbird Café CAFÉ

PLANO: 6 P. 96 **D3**

Pese a no ser ningún secreto, vale la pena acercarse al **Blackbird Café** *(blackbirdvlc.com)*, cuyo *brunch* es uno de los mejores de la ciudad. En su obrador, al fondo, se ve a los pasteleros preparando dulces tentaciones, como *bostocks* de almendras y cruasanes rellenos de praliné de pistacho. Se llevan la palma estos últimos: horneados allí mismo e increíblemente hojaldrados. Para empezar fuerte el día, nada como un sándwich de beicon crujiente y huevo frito o un *danish* con crema de almendras y naranja confitada. No hay que olvidarse del café, preparado con granos del tostadero barcelonés Right Side.

Dar rienda suelta a los peques PARQUE INFANTIL

PLANO: 7 P. 96 **C4**

No siempre es fácil entregarse a la exploración urbana con niños. Por eso, cuando se necesite un descanso, tal vez interese dirigirse a este oportuno espacio infantil acolchado. **Hippolatte Café** *(hippolatte.com, 2 € bono infantil lu-ju, 3,50 € vi-do, comida o bebida incl.),* en la zona sur del barrio, logra un equilibrio adecuado como lugar pensado para niños sin que sea un tormento para los padres. Los adultos podrán tomar algo en la barra mientras los críos se desfogan en el parque de bolas o trepando por el rocódromo.

Es, en definitiva, un sitio estupendo para saborear un *pain au chocolat* en paz sabiendo que los chicos juegan de manera segura.

Hacer acopio de chocolate TIENDA

PLANO: 8 P. 96 **E3**

A los más golosos les encantará **Utopick** *(utopick.es),* conocido por su chocolate artesanal –elaborado con materia prima de una sola región– y cuya sede principal se encuentra en el barrio. Su tiendecita está repleta de tabletas extraordinarias, todas con floridos envoltorios estampados distintos, que en su conjunto recuerdan a un catálogo de William Morris.

Vale la pena probar la tableta de chocolate blanco con almendras tostadas caramelizadas y sal marina, o la de chocolate 38% cacao con turrón de Xixona (Alicante). No menos espectaculares son las cajas de *bombetas:* bombones de chocolate negro con agua de Valencia, licor de arroz o mistela.

Encontrar unos tejanos 'vintage' perfectos TIENDA

PLANO: 9 P. 96 **C2**

Si en la calle de Colón priman las grandes marcas, en Russafa manda lo *vintage*. Hay infinidad de tiendas de segunda mano, desde decrépitos locales donde se vende al peso a acicaladas *boutiques*. A los vecinos les fascina **Reborn Vintage** *(@rebornvintagevlc),* no solo por su selección de prendas, sino por el servicio esmerado: su ávido personal toma rápidamente las medidas al cliente para, acto seguido, hurgar entre sus percheros en busca de los *jeans* perfectos. En invierno, encienden la calefacción de sus fantásticos probadores; en verano hay un ventilador. Una experiencia divertidísima.

Darse un festín único RESTAURANTE

PLANO: 10 P. 96 **E2**

Russafa es un terreno abonado de restaurantes, y **2 Estaciones** *(restaurante2estaciones.com, menús degustación desde 44 €)* es uno de los preferidos de los vecinos por sus certeras propuestas culinarias con un toque de alta cocina, a precios bastante razonables. Las mesas lucen holgadas mantelerías blancas y el personal sirve con presteza tintos de *bobal* y refinados platos con visos artísticos.

La diestra carta, dictada por los productos de temporada, abarca desde alcachofas *baby* con leche ahumada a ensalada estival de tomate con melón. Además, tiene una impresionante selección de vermús.

Tomar un vino en una adorable terraza CAFÉ

PLANO: 11 P. 96 **C4**

Los Picos *(@lospicoscafe)* lleva años sirviendo delicioso café en una soleada plaza de Russafa. Y ahora que domina el arte de extraer una buena taza, ha diversificado el negocio hacia el mercado de los vinos naturales, ecológicos en su mayor parte o, al menos, sin apenas intervención. Aquí se catarán los tintos color rubí producidos en los viñedos cuajados de flores de 4Kilos o los cobrizos pinot gris que elaboran en el norte de Italia los viticultores biodinámicos de Agricola Foradori. Cabe esperar granos de Right Side Coffee Roasters, Orbital Coffee y La Cabra, que como mejor sientan es acompañados de un sándwich de pollo con ensalada, *sriracha* y mayonesa, o de un oloroso tostado de queso.

Quienes vayan en familia tienen a un paso un tobogán para que los niños jueguen en la arena.

BARES ICÓNICOS DE RUSSAFA

Por más que Russafa cuente con una abrumadora oferta de bares, los míticos establecimientos reseñados a continuación tienen más historia que la mayoría.

Ubik Café

PLANO: 12 P. 96 **C3**

No será la mejor librería ni el mejor café de Valencia, pero este vetusto y desordenado bar representa a la perfección el carácter liberal de Russafa.

Café Berlín

PLANO: 13 P. 96 **C2**

Desde intercambios de conversación a primeras citas, este bar lleva siendo desde el 2013 el punto de encuentro obligado de cualquiera que resida aquí.

La Bella de Cádiz

PLANO: 14 P. 96 **C3**

Ideal para tomar agua de Valencia entre suntuosos sombreros, carteles de época y boas de plumas, este bar y tienda *vintage* ha sabido cultivar con los años una ecléctica decoración.

SUGERENCIAS

Lo mejor para...

Localizaciones en el plano de la **p. 96**

€ Económico €€ Medio €€€ Alto

Comer

Cocina moderna y menús degustación

La Salita €€€
15 E2
Bohemio, precioso y con una estrella Michelin. Si el presupuesto no alcanza para el menú degustación de 128 €, en su coctelería ofrecen un tapeo que sale de la misma cocina. *13.30-17.00 y 20.00-23.00 lu-sa*

2 Estaciones €€€
véase 10 E2
Temas de los Rolling Stones y un plácido comedor son la antesala de creaciones fundamentadas en productos de temporada. *13.30-15.00 y 20.30-22.00 mi-sa*

Vegetariana y casera

La Finestra €
16 D3
En esta pizzería solo hay que decir el número de ingredientes y el personal se encargará de sorprender a los comensales. No es del todo vegetariano, pero casi. *12.00-1.15*

Casa Raíz €
17 E2
Café de estética impecable que sirve tostadas de champiñones y brie con *kombucha* casera. Sus tazas son del taller de alfarería Misc. *9.00-20.00 lu-sa, desde 10.00 do*

Restaurante Copenhagen €€
18 C3
Cocina vegetariana en un espacio de aire escandinavo; menús infantiles de dos platos a buen precio. *13.30-16.00 y 20.00-23.30 ma-do*

Tradicional y de barrio

La Cantina de Ruzafa €
véase 2 C3
Cruzando su diminuta entrada se accede a una luminosa cantina que asoma a un patio acristalado. *9.30-16.00 lu-vi*

La Chata UlTranvíaarinos €
19 C3
Deli y bar con excelentes tapas locales. Destaca el *cremaet* XL, rematado con una *cookie* y helado. *12.00-24.00 ma-sa*

Panaderías y dulces

Blackbird Café €
véase 6 D3
Café con mobiliario de mediados de siglo y un mostrador lleno de sugerentes cruasanes, tartas y torres de *cookies*. *9.00-19.00 mi-lu*

Beber

Café de nivel

Bluebell Coffee
20 B2
Microtostadero con buen café y una recoleta terraza al sol. Hay que pedir la tostada de aguacate y beicon decorada con flores y las tortitas con arándanos. *9.00-16.00*

Fran Café
21 B3
Diminuto café con bancos que dan a la plaza e impecables *flat whites*. Casa Fran, en el centro, es su otra sucursal. *8.00-*

13.00 y 15.00-18.00 lu-sa, 8.30-13.30 do

Enotecas

The Wine Gallery

22 C2

Iluminación tenue, muebles del s. XIX y tonos relajantes contribuyen a su ambiente acogedor. *18.00-24.00 lu-ju, 18.30-1.30 vi, 12.00-1.30 sa, 12.00-24.00 do*

ViveVino

23 D2

Martha y Nieves identifican al instante las preferencias del visitante, ya sea un afrutado garnacha o un vino ancestral. *18.00-23.00 mi-vi, 11.00-14.00 y 18.00-23.00 sa y do*

Bliss

24 D3

Elegante y con una terraza donde sorber, p. ej., caldos ecológicos de la bodega tarraconense Tuets o codiciadas botellas de la gerundense La Vinyeta. *17.00-23.00 ma-ju, hasta 12.30 vi, hasta 2.00 sa*

Bares eclécticos

Ubik Café

véase 12 C3

Curiosear entre libros deteriorados, asistir a talleres de artesanía o paladear fálafel y hamburguesas veganas son opciones en este local pionero. *17.00-12.30 lu y ma, desde 10.00 mi-do*

La Bella de Càdiz

véase 14 C3

Su caótica decoración incluye boas de plumas y maniquíes con vestidos de faralaes; para entonarse, se puede tomar un agua de Valencia en sus sofás *vintage*. *19.00-1.00 ma-do*

Comprar

Ilustraciones y ropa

Fiveo

25 D2

Su minimalista colección es un lienzo en blanco con ropa de calle cuidadosamente seleccionada y calzado de primera. *11.00-14.00 y 16.30-20.30 lu-sa*

Lacontra

26 C2

Camisas de lino Samsøe Samsøe, deportivas Novesta y ropa interior ecológica en esta *boutique*. *11.00-14.00 y 16.30-20.30 lu-vi, 10.30-14.30 y 16.30-20.30 sa*

'Vintage' y retro

Vintaker

27 C3

La meta del personal es dar con la talla perfecta de tejanos del cliente. Impresiona su colección de camisas a cuadros y trencas. *11.00-14.30 y 17.30-21.00 lu-sa*

Aieclé Vintage

28 C2

Jeans color mantequilla, pantalones American Apparel de cintura alta y sillones para descansar mientras se compra. *11.00-21.00 lu-ju, hasta 21.30 vi y sa*

Floristerías

Flor de Luna

29 D1

Pomposos ramos de flores secas más sostenibles y jabones artesanales. *10.30-13.30 y 17.00-19.30 ma, 17.00-19.30 ju*

Hoja La

30 C1

Adorable café y floristería ideal para tomar un *flat white* entre plantas colgadas del techo antes de marcharse con un ramillete de delicadas peonías. *9.00-16.00*

Sugerencias
de lugares para
comer, beber
y comprar en
p. 116

Explora
Norte y este de Valencia

Considerado el mayor parque urbano de España, el Jardín del Turia es una verde franja arbolada que se extiende a lo largo de 9 km desde el centro hasta el mar. Al norte del antiguo cauce del río hay barrios completamente ajenos al turismo, como Benimaclet, que ha sabido conservar su ambiente de pueblo con viejas casas adosadas junto a sencillos bloques de apartamentos. Por toda la zona hay entrañables cafés literarios, bares tradicionales y librerías comunitarias. Sin la icónica arquitectura del casco antiguo, sus bulliciosas calles constituyen el lugar perfecto para disfrutar de la cotidianeidad.

Cómo desplazarse

Metro
La zona está bien conectada en metro. Con las líneas 3 o 9 se tarda 20 min de Colón a Benimaclet y 10 min de Àngel Guimerà a Campanar.

A pie
Anejo al casco antiguo, el Jardín del Turia es un sitio genial para pasear; en verano, mejor evitar las horas centrales del día.

Bicicleta
El arbolado Jardín del Turia está surcado por prácticos carriles-bici.

Jardines del Real (p. 113).
PUMBASTYLE/SHUTTERSTOCK ©

LO MEJOR

ALMUERZO
La Pérgola (p. 114)

CAFETERÍA LITERARIA
Kaf Café (p. 114)

TIENDA DE DISCOS
Kultural Grooves (p. 117)

VINOTECA
Bodega Baltasar Seguí (p. 117)

BELLAS ARTES
Museo de Bellas Artes (p. 110)

Garbí
Futuro estadio del Valencia CF
C Dr Nicasio Benlloch
Benicalap
Trànsits
Av Juan XXIII
Av Dr Peset Aleixandre
Av Primado Reig
Marxalenes
Parque de Marxalenes
Av Constitución
C Maximiliano Thous
Reus
Sagunto
Av General Aviles
Av Campanar
Av de Pío XII
C Reus
C Ruaya
Av Burjassot
C Visitación
C Almazora
Campanar
Campanar-La Fe
OESTE DE VALENCIA
C Padre Ferris
C de Llano de Zaidía
Pont de Fusta
Plaza de la Iglesia de Campanar
C Joaquín Ballester
Jardín del Turia
C de Blanquerías
16 Toneladas
C Valle de la Ballestera
Av Menéndez Pidal
Túria
Museo de Bellas Artes
0 200 m
Plaza del Arzobispo
Av de Emilio Baró
C de Masquefa
Kaf Café
Plaza de la Reina
Colón
Calle del Músic Belando
C Dolores Marqués
BENIMACLET
C de Colón
Xàtiva
Av de Emilio Baró
C del Barón de San Petrillo
Plaza Benimaclet
C de la Murta
C Mistral
C del Arquitecto Arnau
Estación del Norte
Gran Vía del Marqués del Turia
Benimaclet
Alacant
C de Dénia
C de Enric Navarro
C Dr Vicente Zaragozá
Vicente Zaragozá
C de Pedro III el Grande
Av Primado Reig
C Centelles
C de Cuba
Parque Central
A
B
C
D
1
2
3
4
5
6

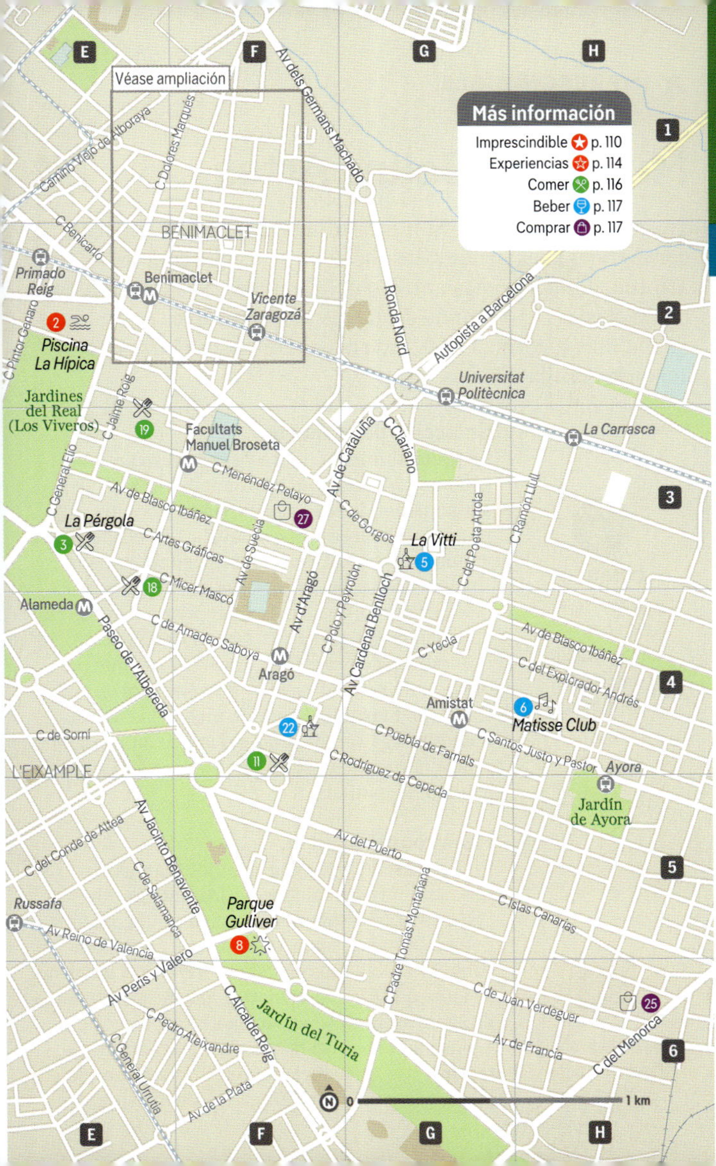
Más información
Impresccindible p. 110
Experiencias p. 114
Comer p. 116
Beber p. 117
Comprar p. 117
Véase ampliación
E
F
G
H
1
2
3
4
5
6
BENIMACLET
Benimaclet
Vicente Zaragozá
Primado Reig
Piscina La Hípica
Jardines del Real (Los Viveros)
Facultats Manuel Broseta
La Pérgola
Alameda
Aragó
La Vitti
Universitat Politècnica
La Carrasca
Amistat
Matisse Club
Ayora
Jardín de Ayora
L'EIXAMPLE
Russafa
Parque Gulliver
Jardín del Turia
Av dels Germans Machado
Camino Viejo de Alboraya
C Dolores Marqués
C Benicarló
C Pintor Genaro
Ronda Nord
Autopista a Barcelona
C Jaime Roig
C Menéndez Pelayo
Av de Cataluña
C Clariano
C General Elio
Av de Blasco Ibáñez
C Artes Gráficas
C de Gorgos
C del Poeta Artola
C Ramón Llull
C Micer Mascó
Av de Suecia
Av d'Aragó
C Polo y Peyrolón
Av Cardenal Benlloch
C de Amadeo Saboya
Paseo de l'Albereda
C Yecla
C del Explorador Andrés
C de Sorní
C Puebla de Farnals
C Santos Justo y Pastor
C Rodríguez de Cepeda
C del Conde de Altea
Av Jacinto Benavente
C de Salamanca
Av del Puerto
C Padre Tomás Montañana
C Islas Canarias
Av Reino de Valencia
Av Peris y Valero
C Alcalde Reig
C Pedro Aleixandre
C de Juan Verdeguer
Av de Francia
C del Menorca
C General Urrutia
Av de la Plata
0
1 km
2
19
27
3
5
18
22
6
11
8
25

★ IMPRESCINDIBLE

Museo de Bellas Artes

Tras un paseo por el Jardín del Turia se llega a este espacio consagrado a las bellas artes (hay que cruzar el Pont de la Trinitat, el puente más antiguo de la ciudad). Su colección de obras clásicas comprende desde los indispensables querubines de mejillas regordetas del s. XVI a los luminosos lienzos de Joaquín Sorolla del s. XX.

PLANO: P. 108 **D3**

CONSEJO
La galería *(gratis)* queda cerca del casco antiguo y no cierra al mediodía.

Escanea este código QR para horarios y más información.

Colección permanente

La visita al **museo** *(museobellasartesvalencia.gva.es, gratis, cerrado lu)* comienza en una sala alargada donde se exhiben marcos dorados, arte religioso y valiosas piezas, muchas de ellas góticas y renacentistas. El espacio en sí, en un antiguo seminario de salas cavernosas, es muy divertido de explorar. Entre su colección permanente se aprecian crismatorios de plata de 1445 y platos decorativos de bronce del s. XVI. No hay que perderse el *Retablo de los Siete Sacramentos* (s. XIV) de Gherardo Starnina. La pieza, una de las más pormenorizadas y ambiciosas del gótico en la región, refleja la compleja situación religiosa de Valencia cuando fue pintada.

Maestros del siglo XX

En las salas 20 y 27 aguardan dos plantas dedicadas al artista valenciano Joaquín Sorolla (1863-1923), considerado una figura descollante del arte español, justo antes de que emergiera Pablo Picasso y sedujera al mundo con el cubismo. Al igual que Claude Monet, el mayor talento del artista residía en su capacidad de capturar la luz y plasmarla sobre el lienzo. Sus delicados retratos, que con frecuencia representan escenas de playa, parecen estar planteados a contraluz, con

Arte sacro.
KRZYSZTOF DYDYNSKI/LONELY PLANET ©

gruesas pinceladas que combinan los tonos rosáceos y melocotón. También se exhiben óleos de sus precursores, coetáneos y artistas a los que influyó, como Benedito Vives y Fillol Granel, cuyas obras muestran algunos de los símbolos más conocidos de Valencia: las naranjas, las falleras, las tierras de cultivo y las elegantes prendas de seda.

Conciertos y películas

De abril a junio se proyectan (gratis) películas clásicas y de culto en el **salón de actos** del museo. No hay que sacar entrada; los asientos se asignan por orden de llegada para ver filmes (en versión original subtitulada en español) como *Bugsy Malone, Grease* o el musical animado de 1968 *Yellow Submarine*. En verano suele haber actuaciones de *jazz* y pop y lectura de poesía en su patio al aire libre. La programación de **artes escénicas** es gratis, y al haber aforo limitado, conviene llegar temprano para conseguir sitio.

UNA PAUSA
A pocos minutos a pie está **La Pérgola** (p. 114), un icónico café fundado en 1963, conocido por su bocadillo "superbombón", de los más queridos de Valencia.

CIRCUITO A PIE

Paseo por el norte de Valencia

El verdadero atractivo de esta parte de la ciudad es su encanto sin pretensiones. Benimaclet, p. ej., no recibe muchos turistas, y es ideal para explorar en familia a cualquier hora. En este trazado de calles se encontrarán galerías, bodegas de toda la vida y el espíritu revolucionario aún presente en librerías y cafés.

INICIO	FINAL	DURACIÓN
Museo de Bellas Artes	Kaf Café	2,5 km; 30 min

1 Arte inspirador

Se arranca en el espléndido **Museo de Bellas Artes** (p. 110), donde tras aplaudir los radiantes lienzos de Joaquín Sorolla y el inquietante autorretrato de Diego Velázquez, se sigue con la ruta.

2 Un parque real

Según se sale se tuerce a la izquierda y, luego, otra vez a la izquierda hacia los **Jardines del Real,** otrora frecuentados por la realeza y hoy un lugar encantador para pasear. Después de la fuente se sigue el sendero a mano izquierda, que pasa junto a un estanque con patos y el Museo de Ciencias, antes de seguir hacia la entrada norte.

3 Bodega legendaria

Se sale del parque por la puerta flanqueada por cipreses. Muy cerca queda la piscina La Hípica, por si apetece darse un chapuzón. Tras girar a la derecha, se toma la primera calle a la izquierda, y recorridos 260 m se dobla a la derecha por la calle del Doctor Vicente Zaragozá, para después continuar por la calle de Emili Baró, la primera a la izquierda. Entre grafitos y locales de comida para llevar, se observa la microscópica **bodega Baltasar Seguí** (p. 117), abierta en 1957, con enormes barriles de bodegas cercanas. Se puede pedir una copa de cava local y unas *gildas* para picar algo.

4 Tienda de vinilos

Tras hacer un alto en la bodega, se gira a la derecha por la calle del Reverend José Martí, con sus coloridas "casas de pueblo". Luego, al final de la calle, se tuerce a la izquierda para toparse con la moderna tienda de discos **Kultural Grooves** (p. 117), repleta de vinilos de *reggae* y libros en clave política.

5 Pausa para el café

Siguiendo por la misma calle se gira a la izquierda por la calle del Músic Belando. Se admiran las pintorescas casas de azulejos y se picotea algo en **Letras y Vinos** (p. 117), un curioso espacio con estanterías llenas de libros usados y familias entregadas a los juegos de mesa.

6 Café literario

Tras girar a la izquierda por calle de Masquefa, se continúa 250 m antes de doblar a la derecha y cruzar la plaza de Amparo Arce de camino al **Kaf Café** (p. 114), donde se citan poetas, músicos y bohemios, para asistir a sus eclécticas actuaciones en directo.

EXPERIENCIAS

Escuchar poesía en un café literario

CAFÉ

PLANO: 1 P. 108 **C4**

Situado en una animada plaza, el **Kaf Café** *(@kafcafebenimaclet, gratis-6 €)*, con una programación que apunta a la comunidad local, luce estanterías llenas de libros y reliquias, cuadros y fotos de poetas, escritores y músicos que han pasado por aquí, y en su rincón más alejado, un pequeño escenario.

De día, los niños juegan en los columpios y toboganes mientras sus padres charlan en la terraza tomando cortados. De noche, la cerveza y las patatas bravas reinan incontestables. Los martes hay noche de micrófono abierto; los jueves, sesiones de poesía. En perfil en Instagram indican los próximos eventos.

Refrescarse en una piscina escondida

PISCINA

PLANO: 2 P. 108 **E2**

En los días más sofocantes, esta piscina próxima a los Jardines del Real es una bendición. **La Hípica** *(lahipica.com, 5 €)* se halla en un club de tenis privado, pero la piscina está abierta al público general. Se entra por la calle de Jaca y se pasa a la derecha del restaurante, donde está el mostrador. Sus zonas de césped son ideales para tomar el sol y su agua fresca invita a zambullirse. Puede que haya otras piscinas más grandes e indicadas para familias, pero tiene un ambiente más tranquilo. Eso sí, hay que extremar la precaución, pues cubre en toda la piscina. En su cafetería sirven *pizza,* helado y cerveza fría; no se permite el consumo de comida cerca del agua. Solo abre en verano; las fechas exactas las tiene su web.

Almuerzo en La Pérgola

RESTAURANTE

PLANO: 3 P. 108 **E3**

En Valencia, dirimir dónde sirven el mejor almuerzo es objeto de debate, pero **La Pérgola** *(8.00-16.30 lu-sa)* nunca falla. Con más de medio siglo a la espalda, este modesto establecimiento junto a una rotonda es una apuesta genial para mimarse con un auténtico almuerzo. No menos legendario es el "superbombón": un bocata repleto de lomo de cerdo a la plancha, queso, salsa verde y una montaña de patatas fritas. Es obligado regarlo con una cerveza y terminar con el *cremaet* de rigor.

Encontrar la calle más bonita de Benimaclet

ARQUITECTURA

PLANO: 7 P. 108 **B4**

Benimaclet fue en su día un pueblo rodeado de tierras agrícolas. Y aunque con el tiempo fue engullido por una Valencia que crecía a gran velocidad, su centro –la plaza Benimaclet– sigue siendo una delicia, con una fuente en el medio y árboles decorados con tejidos de punto. También se verán "casas de pueblo" bordeando varias de sus calles residenciales, entre ellas la pintoresca **calle del Músic Belando;** vale la pena fijarse en la vivienda con azulejos azules y blancos a cuadros y en sus balcones engalanados con geranios.

Letras y Vinos (p. 117; *letrasyvinos.com*), entre librería y café, es fantástico para tomar un rioja mientras se lee un libro de segunda mano.

Trepar por un gigantesco Gulliver ZONA RECREATIVA

PLANO: 8 P. 108 **F5**

Los pequeños viajeros lo pasarán en grande en el **Parque Gulliver,** un gigantón de 70 m, tumbado, convertido en zona recreativa infantil, con montones de toboganes y cuerdas para escalar, inspirado en el mítico cuento de Jonathan Swift. Forma parte del Jardín del Turia, es gratis y abre a las 10.00; conviene ir por la mañana, antes de que se abarrote. Los niños deben ir acompañados de un adulto; varios toboganes son de aúpa.

Comer alcachofas hasta la saciedad FESTIVAL

PLANO: 9 P. 108 **A2**

Una larga cola de gente cargada con bandejas a rebosar de alcachofas marcha cada año por la plaza de la Iglesia de Campanar coincidiendo con la celebración de la **Fiesta de la Alcachofa** *(gratis, alcachofas y consumiciones aparte)*. Se asa la venerable verdura antes de servirla a los asistentes –a mediodía, en platos de papel– acompañada de vasos de mistela con hielo. Tiene lugar a finales de enero y entre sus actividades paralelas suele haber talleres de reciclado creativo para niños, concursos de dibujo y danza tradicional.

LAS MEJORES SALAS DE MÚSICA

16 Toneladas

PLANO: 4 P. 108 **B3**

Aunque el *rock* es el protagonista principal, en esta magnífica sala también cabe esperar cantantes de *soul*, festivales de *rockabilly* y grupos de punk.

La Vitti

PLANO: 5 P. 108 **G3**

Sofás, lámparas Tiffany y farolillos aportan ambiente hogareño a este bar en el que músicos y apasionados del *jazz* se apretujan para disfrutar de las sesiones en directo que cada lunes acoge su diminuto escenario.

Matisse Club

PLANO: 6 P. 108 **H4**

Compacta sala acurrucada entre bloques de pisos. Los miércoles hay intercambio de conversación y noche de salsa; los jueves, *jam sessions* de *jazz* y funk.

SUGERENCIAS

Localizaciones en el plano de la **p. 108**

Lo mejor para...

€ Económico €€ Medio €€€ Alto

Comer

Moderna y con estrellas Michelin

El Aprendiz €€
10 B5
Tapas creativas en un sofisticado espacio minimalista. Las croquetas se sirven con salsa de curri tailandés y el vermú es casero. *13.30-20.00 y 20.30-1.00*

Gran Azul €€€
11 F4
Se anuncia como uno de los pocos lugares del centro que borda la paella. *13.30-16.30 ma, 13.30-16.30 y 20.30-23.30 mi-vi, 13.30-16.00 sa y do*

Ricard Camarena Restaurant €€€
12 B2
Con dos estrellas Michelin y otra verde, Camarena es un alquimista de la alta cocina que trabaja con producto local. *14.00-15.00 y 20.30-21.30 mi-vi*

Tradicionales

Taberna El Carrer €
13 A3
Refinadas tapas y almuerzos en una coqueta plaza. La gente hace cola para probar sus bocadillos de rabo de toro con yemas de huevo. *9.00-17.00 lu, ma y do, 9.00-1.30 mi-sa*

Económicos

M2M Noodles €
14 A6
Fideos, *gyozas* y *ramen* a precios asequibles en este local donde se puede ver al dueño elaborando los fideos a mano. *13.00-16.00 y 19.30-23.00 mi-do*

La Ola Fresca €
15 C6
Café de barrio que sirve *scones* ingleses con nata y mermelada. *9.30-23.00 ma-vi, hasta 21.00 sa, 10.30-14.00 do*

'Pizza' y hamburguesas

Pizzería Km0 €€
16 B3
Casi todos los ingredientes son de producción local en esta pizzería ecosostenible apta para vegetarianos. *19.30-23.00 lu-ju, hasta 23.30 vi, 13.00-16.00 y 19.30-23.00 sa y do*

Il Ghiottone Napoletano €€
17 D2
Pizzas de estilo napolitano en un restaurante informal con una pequeña terraza. *20.00-23.30 lu-ju, 13.30-16.00 y 20.00-23.30 vi-do*

Hundred Burger €€
18 E3
Espectaculares hamburguesas. Despunta la galardonada Showdown: carne de ternera madurada con beicon, *cheddar* y crema de cacahuete con caramelo salado. *13.00-23.00*

'Brunch' y café

Navel €
19 E3
Pinceladas de diseño naranja y buen café en un rincón inesperado de Benimaclet. Sus rollos de canela y tostadas de aguacate son perfectos para empezar el día. *8.30-17.00 lu-vi*

Beber

Con carácter

Bodega Baltasar Seguí

20 A5

Vinatería en una vieja calle de Benimaclet, ideal para surtirse de vino a granel. *10.00-15.00 y 18.00-21.00 lu-vi, 10.00-15.00 sa*

Libros y vino

Letras y Vinos

21 B4

Híbrido de librería y bar donde echar el rato jugando a un juego de mesa o leyendo mientras se toma una copa de vino. *18.00-23.00 ma-ju, hasta 24.00 vi y sa*

Bodega Albarizas

22 F4

Los taburetes enseguida se ocupan en esta pequeña enoteca de selección sublime. Además, hay queso y charcutería. *12.00-16.00 y 19.00-23.30 lu-sa*

Cerveza

Noisy Hops

23 A5

Cervecería artesana con muchas creaciones locales, como las IPA tropicales de Callejeros. Los viernes por la noche sus DJ pinchan de todo, desde *dancehall* a *house*. *18.00-2.30 ma-sa*

Glop

24 B5

Bareto en plena plaza Benimaclet, abierto hasta las tantas. Cerveza más chupito, 2,50 €. *19.00-3.30 lu-sa*

Comprar

Cerámica

Ana Illueca

25 H6

Las coloridas creaciones de Ana se encuentran en un rincón de la ciudad ajeno a las tendencias. Para ser recibido, antes hay que contactar en *@anaillueca* (Instagram). *Horario variable*

CAM Studio

26 B6

Clases de alfarería en un luminoso taller junto a la plaza principal. Se hará una taza o un florero para llevar a casa. *Horario variable*

Deportivas y moda urbana

Strap

27 F3

Zapatillas Mizuno, camisetas de Edmmond Studios, escandalosos híbridos de mocasín y deportivas Puma en una asombrosa tienda de moda urbana. *10.00-14.00 y 17.00-21.00 lu-vi, desde 10.30 sa*

Libros y música

Kultural Grooves

28 B5

Sus vinilos de *reggae, dub* y *soul* insuflan vida a esta calle de Benimaclet. Sus dueños organizan interminables *pool parties;* véase *@kulturalgrooves* en Instagram. *11.00-14.30 y 17.00-20.30 lu-sa*

Estudio 64

29 B5

Librería comunitaria que acoge muestras de arte, talleres creativos y presentaciones de libros. *10.30-14.00 y 17.00-20.00 lu-vi, 10.30-14.00 sa*

Librería La Rossa

30 C5

Librería con predilección por las escritoras locales. Muy recomendables sus noches de poesía y vermú. *10.00-14.00 y 17.00-20.00 lu-vi, 10.30-13.30 sa*

Vino y dulces

Zona de Catas

31 B5

Productos artesanos y delicatesen, como las tabletas de chocolate de Utopick y el vino bobal de Requena. *10.00-14.00 y 17.00-20.30 lu-vi, 10.00-14.00 sa*

★ MERECE LA PENA

Explorar un castillo cimero

La ciudad portuaria de Sagunto, situada 28 km al norte de Valencia, ofrece espectaculares vistas del litoral y de un mar de naranjales desde lo alto de su inmenso castillo en ruinas. Se trata de una gratificante excursión de medio día desde Valencia, máxime para los entusiastas de la historia.

CONSEJO
La subida al castillo es bastante pronunciada y su recinto, enorme; llévense agua y tentempiés para acometer la excursión, pues no hay cafeterías en la cima.

Escanea este código QR para horarios y más información.

Historia de Sagunto

Los orígenes de Sagunto se remontan como mínimo al s. v a.C., cuando era un poderoso asentamiento íbero (entonces llamado Arse) que comerciaba con otras localidades costeras del Mediterráneo. Sus lazos con Roma la convirtieron en objetivo de Cartago, otra potencia rival de la época. El general Aníbal capturó Arse en el año 219 a.C., lo que propició el estallido de la II Guerra Púnica. Tras el triunfo de Roma, los romanos pasaron a llamarla Saguntum. En el s. VIII comenzó un período de 500 años de dominio musulmán que sirvió para que prosperara; sin embargo, con el ascenso de Valencia, la ciudad pasó a un segundo plano.

Exploración del castillo

Premiado con una majestuosa ubicación, el **castillo de Sagunto** *(saguntoturismo.com, gratis)* es una extensa construcción defensiva con murallas que discurren 1,5 km por dos cumbres gemelas. Hasta la fecha apenas se ha excavado el 10% de su superficie. Y aunque valdría la pena restaurar la fortaleza, el centro de visitantes (inaugurado en el 2022) resulta de gran ayuda a la hora de comprender lo que uno ve. Bajo el castillo se puede visitar el anfiteatro romano (también gratis), que tras someterse a una completa restauración, acoge funciones y recreaciones a cargo de colegiales de la

Castillo de Sagunto.
YANA YERMAK/SHUTTERSTOCK ©

zona, lo que explica los grupos de legionarios que deambulan por la población y que solo se permita el acceso de visitantes de 14.00 a 16.00.

Casco antiguo

La excursión concluye con un breve paseo por las desastradas calles del casco antiguo de Sagunto. En **Ceramicas Arse** *(10.00-20.00)* venden jarrones pintados a mano y delicadas campanillas de viento, mientras que en el **Museo Histórico** *(cerrado lu)* exhiben ornamentadas esculturas del s. I a.C. **Arrels,** enfrente, es un restaurante con una estrella Michelin alojado en una romántica mansión del s. XVI, cuyo menú degustación de 12 pasos *(120 €, más 90 € de maridaje)* juega hábilmente con los ingredientes locales, como se constata en el helado de trucha encurtida que sirven de postre.

UNA PAUSA

Un buen sitio para disfrutar de una tabla de quesos, charcutería local y una copa de bobal es el jovial bar de vinos **Vivavins** *(19.00-22.00 mi-do, 12.00-15.00 sa y 12.00-14.30 do).*

Sugerencias de lugares para comer, beber y comprar en **p. 128**

Explora
Zona marítima

Aunque el mar no queda lejos del centro urbano (4 km, aprox.), el ambiente del litoral es completamente distinto. Las calles, en damero, presentan una disposición impecable, a diferencia de las viviendas: una encantadora sucesión de casitas de pescadores, unas más bajas que otras, algunas exquisitamente alicatadas, otras absolutamente desmoronadas. Los niños juegan en las calles mientras las abuelas charlan con los vecinos. Es una zona que oscila entre la tradición y el cambio, donde impera un verdadero sentido de comunidad. Y El Cabanyal, tan exitoso hoy entre los visitantes, es un barrio de arraigo cuyos residentes celebran su legado sin dejar de promover nuevos proyectos. Cabe esperar festivales de regusto comunitario, chiringuitos bohemios y una hermosa playa de 4 km.

Cómo desplazarse

Metro
Las líneas 5 y 7 van del centro a Marítim, donde se puede seguir a pie hasta El Cabanyal (20 min) o cambiar al tranvía para acercarse a la playa.

Autobús
Hay muchas líneas que van a las playas, la zona del puerto y El Cabanyal; las nº 31, 32, 92 y 93 están entre las más útiles.

Tren
La estación Valencia Cabanyal es la que sigue a la Estación del Norte. Hay servicio más o menos cada 15 min.

Paseo marítimo.
MEDITERRANEAN/GETTY IMAGES ©

LO MEJOR

TABERNA
Bodega J Flor (p. 126)

TEATRO DE MARIONETAS
Teatro la Estrella (p. 127)

TAPAS
Casa Montaña (p. 128)

RESTAURANTE
Gallina Negra (p. 127)

CÓCTELES
Gran Martínez (p. 129)

A
B
C
D
1
2
3
4
5
6
0
500 m
Más información
Imprescindible p. 123
Experiencias p. 126
Comer p. 128
Beber p. 128
Comprar p. 129
Teatro la Estrella
Valencia Cabanyal
Bodega J Flor
Mercat Municipal del Cabanyal
Gallina Negra
C Escalante
Dr Lluch
C del Mediterráneo
C del Progreso
C de Barraca
Canyamelar
C Serrería
C del Rosario
C Escalante
C de Dr Lluch
C Mariano Cuber
Francesc Cubells
C Francisco Cubells
Grau - La Marina
C del Dr JJ Dòmine
La Marina
0
200 m
Av de Vicente Blasco Ibáñez
Av Mare Nostrum
Paseo Marítimo de la Patacona
Surf Las Arenas
Av de la Malva-rosa
C de Isabel de Villena
C de José Ballester Gozalvo
C Río Tajo
Beteró
Av Naranjos
La Cadena
Golfo de Valencia
Platja Malva-rosa
C Remonta
Gelática Ice Concept
C Luis Peixo
Cabanyal
C Pintor Ferrandis
Mercabanyal
C de Eugenia Viñes
Festival de Cometas
C Pescadores
Estación de trenes Valencia Cabanyal
Dr Lluch
Platja les Arenes
C del Mediterráneo
C Serrería
Canyamelar
C de Eugenia Viñes
La Pepica
Marítim
C Mariano Cuber
Francesc Cubells
Grau - La Marina
Neptú
Av del Puerto
C del Dr JJ Dòmine
Véase ampliación
Veles e Vents
La Marina
Marina Real Juan Carlos I
A
B
C
D

★ IMPRESCINDIBLE

Mercat Municipal del Cabanyal

La mejor forma de asomarse a la cotidianeidad de El Cabanyal es visitando este mercado en absoluto turístico. Que no sea tan bonito como el Mercat Central se traduce en que quienes acuden a comprar lo hacen única y exclusivamente por la mercadería (además de para charlar un rato con su vendedor preferido).

PLANO: P. 122 **A1**

Historia breve

En 1837, la zona del litoral pasó a ser autónoma, y se la conoció durante 60 años como Poble Nou de la Mar. Poco después se creó el primer mercado local: un conjunto de tenderetes montados en la plaza del Doctor Llorenç de la Flor. En 1958 se instaló en una sede permanente: el edificio de 3550 m^2 que hoy ocupa, en la calle de Martí Grajales, en cuyo interior hay más de 150 puestos, al margen de los vendedores de productos frescos que se arremolinan a su alrededor.

Los mejores puestos

Este mercado, conocido por su género, en especial el pescado recién capturado, surte a algunos de los mejores restaurantes de la ciudad. **Pescados Bianca** es una pescadería de cuarta generación con relucientes meros y tentadoras gambas rojas que nadaban en el mar apenas unas horas antes. La clientela compite por un resquicio en la barra del **Bar Mercado,** ideal para disfrutar de un *cremaet* con un bocadillo de *brascada* (ternera con cebolla caramelizada y jamón serrano). Unos parroquianos muy a la última se citan en el **Josefina** *(10.00-19.00),* un pequeño bar en una esquina junto al mercado.

CONSEJO
De jueves a sábado *(7.00-14.30)* se pueden comprar ristras de ajos y tentadoras sandias directamente a los agricultores de la región.

Escanea este código QR para horarios, eventos y una relación completa de puestos.

CIRCUITO A PIE

Paseo por la zona marítima

Elegido en el 2020 uno de los lugares más *cool* de Europa para vivir, El Cabanyal sigue asimilando su fama. Esta ruta repasa lo mejor del barrio: alegres casas decoradas con azulejos, teatros vanguardistas y mercados alegres. Se termina dándose un baño en el mar y descansando en una tumbona.

INICIO	FINAL	DURACIÓN
Museo del Arroz	Playa de la Malvarrosa	2,2 km; 30 min

1 Un encanto de museo

Se empieza la ruta en el **Museo del Arroz,** un molino arrocero del s. xx, exquisitamente conservado, cuyos engranajes de madera todavía rechinan cada vez que se pone en funcionamiento.

2 Centro cultural

Al salir del museo se tuerce a la izquierda por la calle del Rosario, y tras dar buena cuenta del vermú casero del bar Lapaca, se sigue hacia la plaza. A la izquierda se ve el **Teatre el Musical,** con la puerta más alta de Valencia y un vistoso interior de cemento, mármol y madera.

3 Antiguas casas de pescadores

Yendo por la calle del Rosario, se dobla a la izquierda -a la altura de la farmacia- por la calle de Don Vicente Gallart. Una vez contemplados los murales del restaurante centenario Casa Montaña (p. 128), se tuerce a la izquierda por la **calle de José Benlliure,** a rebosar de azulejos psicodélicos y toques modernistas.

4 Mercado local

Al llegar a la calle principal, se gira a la izquierda y se camina hasta el **Mercat Municipal del Cabanyal** (p. 123), donde venden deliciosos melocotones, perfectos para un tentempié en la playa.

5 Arte callejero

De vuelta a la calle del Mediterráneo, se gira a la izquierda en la primera plaza, y tras pasar junto a la fachada amarilla de Semillas, se toma la calle Àngels hasta la plaza del Doctor Lorenzo de la Flor. Saliendo por la calle de Amparo Guillen, se verá a la izquierda un enorme mural, de inspiración sorollesca, pintado por **Barbiturikills** para celebrar los 24 años de lucha vecinal contra el Gobierno municipal, que pretendía demoler la zona y construir una autopista.

6 Taberna con solera

Tras torcer a la izquierda junto al mural, se continúa unos 300 m hasta la calle de Espadan (Carrer d'Espadà), donde se encuentra **La Aldeana 1927,** célebre por sus almuerzos de primera.

7 Pausa para almorzar

Siguiendo por la calle del Pintor Ferrandis, que cruza el parque, se topa con la fachada de **Mercabanyal** (p. 127), un vivaz espacio gastronómico al aire libre que triunfa con su excelente oferta.

8 Playa de arena

Después, se sigue por la calle del Pintor Ferrandis hasta la **playa de la Malvarrosa,** con tumbonas que invitan a relajarse.

EXPERIENCIAS

Chapuzón en el mar
SURF DE REMO

PLANO: 1 P. 122 **B2**

Que las aguas acostumbren a estar calmas en la costa de Valencia es una excelente noticia para los amantes del surf de remo. Cécile, residente en la zona desde hace más de 10 años, gestiona **Surf Las Arenas** *(surflasarenasvalencia.com, 25 €),* un centro especializado que, además de impartir clases de surf y surf de remo, alquila equipo.

Ver una constelación de cometas
FESTIVAL

PLANO: 2 P. 122 **C5**

El **Festival de Cometas** *(milotxesclub.com, abr, gratis),* celebrado en la playa de las Arenas a ritmo de reguetón, es una cita fantástica para disfrutar de un ambiente estupendo en familia.

Depende en buena medida de cómo sople el viento el día en cuestión; pero si el tiempo acompaña, es un verdadero espectáculo. Se verán ballenas gigantes, cometas que aletean como mariposas e incluso algún que otro Bob Esponja.

Comerse una paella junto al mar
RESTAURANTE

PLANO: 3 P. 122 **C6**

La Pepica *(lapepica.com),* el restaurante especializado en paella preferido de Ernest Hemingway, es una verdadera joya. Atravesando la entrada se pasa junto a langostas sobre lechos de hielo y paellas bullentes. Hay que reservar, máxime si se desea una mesa en su terraza con vistas al mar, de ambiente más sereno que su bonito comedor. La estrella del elenco es la paella Pepica *(17,50 €/persona),* bien cargada de gambas ya peladas y calamar troceado; se dice que fue Joaquín Sorolla el primer comensal que tuvo el placer de probarla.

Descubrir una bodega local
BODEGA

PLANO: 4 P. 122 **A1**

Los bocadillos de la **Bodega J. Flor** *(restaurantebodegaflor.es, bocadillos desde 5 €)* figuran entre los mejores de Valencia. El de la casa (carente de nombre) es una endiablada combinación de salchichas frescas, patatas fritas, salsa de carne y pasas. Se sirve envuelto en una servilleta de papel para evitar que el generoso relleno se escape, y es tan abundante que terminárselo es todo un logro. Por dentro aguarda una algarabía constante a cargo de gente de todo tipo, desde viejos amigos poniéndose al día a madres que tratan de dormir a su bebé.

La decoración es también un curioso batiburrillo. De sus vetustas vigas de madera cuelgan ventiladores de plástico y fluorescentes, y en los antiguos estantes se exhiben viejísimas botellas de vermú. El mejor colofón a una sustanciosa comida es un chapuzón en el mar.

Admirar arquitectura contemporánea

ARQUITECTURA

PLANO: 5 P. 122 **C6**

Es tal el influjo de la seductora costa situada al norte, que contados visitantes se animan a dirigirse al sur hacia el puerto. Allí, las cuatro plantas del **Veles e Vents** *(veleseventsvalencia.es, gratis)* se adentran en el mar como la proa de un crucero. Este galardonado edificio, diseñado por el arquitecto británico David Chipperfield, fue inaugurado en el 2006, y en el 2007 proporcionó una base central para los equipos y patrocinadores de la Copa América.

Desde entonces ha perdido en cierto sentido su finalidad, pero las vistas desde sus amplias terrazas acristaladas siguen siendo fantásticas. De día, con ambiente tranquilo, es un momento genial para explorarlo. La Marítima Restaurant, en la planta baja, sirve exquisitas paellas en una terraza desde donde se ven los veleros.

Dar con el mejor restaurante de El Cabanyal

RESTAURANTE

PLANO: 6 P. 122 **B2**

En El Cabanyal hay una casa baja negra que pasa desapercibida para muchos viandantes. La aséptica entrada –reconocible por el arco verde manzana pintado sobre esta– es la antesala de una de las mejores propuestas gastronómicas de la ciudad. **Gallina Negra** *(gallinanegra.es, menús degustación desde 59 €)* es un establecimiento minúsculo con apenas cuatro mesas en su interior. "Hacemos las cosas de otra forma", asegura Alba mientras sirve impecables platos de la cocina –literalmente– más abierta de Valencia.

Los comensales saborean a ritmo de funk y *soul* delicias como *vichyssoise* con tiernos puerros y lasaña de calamar en su tinta. Para culminar la experiencia, hay que pedir el sorprendente helado de vinagre de arroz.

LO MEJOR PARA NIÑOS

Teatro la Estrella

PLANO: 7 P. 122 **B1**

Esta casa engalanada con azulejos blanquiazules a cuadros contiene un colorido escenario donde tienen lugar representaciones de marionetas.

Gelática Ice Concept

PLANO: 8 P. 122 **B4**

He aquí la heladería favorita en Valencia del chef Ricard Camarena, un entendido en la materia que, además, tiene dos estrellas Michelin. Destaca el galardonado helado de *yuzu* y coco.

Mercabanyal

PLANO: 9 P. 122 **C4**

Los niños lo pasarán pipa en el espacioso patio cercado de este moderno mercado gastronómico donde durante todo el día sirven menús y opciones del gusto de los peques, como hamburguesas y baos.

SUGERENCIAS

Lo mejor para...

Localizaciones en el plano de la **p. 122**

€ Económico €€ Medio €€€ Alto

Comer

Desayuno y tartas

Café ArtySana €
10 B2
Para tomar el *brunch* o almorzar, con sándwiches veganos de zanahoria asada y muestras de arte. *8.30-18.30 lu-ju, hasta 22.00 vi, 9.30-22.00 sa, 9.30-16.00 do*

La Más Bonita €€
11 C2
Sándwiches y trozos de tarta (p. ej., Ferrero Rocher con *ganache*) en una terraza con vistas al mar. *8.30-22.30 lu-ju, hasta 23.30 vi-do*

Paella

Casa Carmela €€€
12 C2
Toni Novo, su dueño de cuarta generación, es un perfeccionista. Si uno se asoma a las ventanas de la cocina verá a los cocineros en plena faena. Consumo mínimo, 40 €/comensal. *13.00-16.00 lu-sa*

Sofisticado y tradicional

Casa Montaña €€
13 B2
Exitosa vieja taberna fundada en 1836; hay que pedir el menú degustación (37 €). Es imprescindible reservar. *13.00-16.00 y 19.30-23.30 lu-vi, desde 12.30 sa, 12.30-16.00 do*

Bodega Anyora €€
14 A2
Ingeniosas interpretaciones de tapas tradicionales a base de ingredientes locales. Hay que pedir la anguila ahumada casera regada con un vino de la tierra. *13.00-23.00 lu-ju, hasta 23.30 vi y sa*

La Sastrería €€
15 B2
Rinde tributo a las viviendas de los pescadores con ornamentados azulejos que cubren hasta el último resquicio de las paredes; marisco sublime. *13.00-18.00 y 19.30-12.30 ma-do*

Divertido e informal

Mercader €€€
16 A1
Antigua tonelería hoy renacida como espacio para sibaritas donde deleitarse con marisco de primera, *pizzas* al estilo de Detroit y *cava* bien frío en torno a un coqueto patio central. *12.00-24.00 lu-vi, desde 11.00 sa y do*

Festinar €
17 B2
Apacible bar-pizzería con coloridos murales, muy arraigada a la comunidad local. Sus *minipizzas,* de sorprendentes sabores, se fundamentan en los ingredientes locales de producción sostenible. *12.00-1.00*

Beber

Café

Semillas Café
18 B1
Una pareja de lugareños regenta este fantástico café en una aletargada plaza. Destacan el *espresso* de Bluebell Coffee y los *bagels* caseros. *9.30-16.30 ma-sa*

Tallat

19 **B2**

Cafetería y tostadero en el barrio de Nazaret, que sirve café por goteo con sus respectivas notas de cata. *8.30-18.30 lu-vi, desde 9.30 sa y do*

Chiringuitos

La Más Bonita Chiringuito

20 **C2**

Los chiringuitos abren exclusivamente los meses más cálidos (may-oct). Y en este se podrán saborear licuados y cócteles desde sus sofás repartidos por la arena. *10.00-23.00*

Bebidas y música

Marina Beach Club

21 **C4**

Popular bar y discoteca con dos restaurantes entre el puerto y la playa, con terraza, piscina y vistas magníficas. *13.00-17.00 y 20.00-24.00 lu-ju, 11.00-3.30 vi y sa, 11.00-24.00 do*

La Fábrica de Hielo

22 **C4**

Antiguo almacén hoy dominado por gastronetas, eclécticas zonas de asientos y *spritz* a raudales. Suelen sonar DJ y grupos. *17.00-1.30 lu-ju, desde 12.00 vi-do*

Gran Martínez

23 **A3**

Raro funk egipcio suena en el tocadiscos de esta antigua farmacia frecuentada por una parroquia muy a la última. *19.00-1.30 mi, ju y do, hasta 2.30 vi y sa*

La Barbería

24 **A3**

Himnos de los ochenta en esta antigua barbería con espectáculos de *drags* los jueves. *23.00-3.30 ju y vi, desde 17.00 sa*

La Casa de la Mar

25 **C1**

Enorme almacén cerca de la playa, con un bar y un escenario en el que se escucha desde coros de góspel a reguetón. *18.00-1.00 ju y vi, desde 12.00 sa y do*

Vistas

Sky Bar

26 **A3**

Aunque algo descuidado, ofrece vistas de aúpa desde la 8ª planta, sobre todo al atardecer. *16.00-24.00 ma-do*

El Faro del Sur

27 **D6**

Muchos dueños de veleros acuden a este sereno bar pegado al agua por su cerveza y raciones de patatas bravas. *10.00-20.00 ma-do*

Cerveza moderna

Stonecastle Brewery

28 **A3**

Todo gira en torno a la iluminación tenue, los azulejos de metro y los viejos barriles de aceite en este almacén hoy convertido en cervecería y bareto. *18.00-24.00 mi-vi, desde 12.00 sa, 12.00-17.00 do*

Vino natural

Mevino

29 **B1**

Sus rústicas mesas de madera se prestan a sorber un *pét-nat* nacional (espumoso natural de baja graduación) acompañado de tablas de charcutería y costillas de cerdo cocinadas a fuego lento. *18.30-12.30*

Comprar

Cerámica

Tina Vaia Studio

30 **A3**

Tina ofrece un sinfín de jarras marmoladas, jarrones tipo tótem, fruteros verde pistacho y llaveros en forma de canto rodado. Hay que contactarla previamente por Instagram *(@tinavaia). Horario variable*

Sugerencias de lugares para comer, beber y comprar en **p. 139**

Explora
Oeste de Valencia

Con largas avenidas arboladas y plazas soleadas, el oeste de Valencia quizá no sea tan hermoso como Ciutat Vella, pero tiene su encanto, dosis de carácter y algún que otro secreto bien guardado. Aquí se encontrarán restaurantes con chefs de talento extraordinario y zonas verdes muy tranquilas. Hay, además, un mercado con café de verdad y fruta ecológica de cultivo local, estupendos lugares para tomar un *brunch* y las mejores librerías de la ciudad. De noche, los entusiastas de la música se citan en bares en sótanos o salen de juerga a salas de conciertos, mientras se desparraman por la calle las animadas terrazas de tabernas de toda la vida. Esta zona, ajena a las multitudes, es un diamante en bruto que invita a la exploración sin prisas.

Cómo desplazarse

Autobús
A la zona llegan varios autobuses, entre ellos el n° 95, que circula junto al cauce norte del Turia hasta el puente próximo al Bioparc.

Metro
La estación de metro más cercana al Bioparc es Nou d'Octubre. El bar Nuevo Oslo, popular para el almuerzo, está junto a Àngel Guimerà; y el Mercado de la Imprenta, cerca de la estación de Jesús.

Bicicleta
Es un medio práctico para llegar y moverse por la zona. Algunos carriles-bici atraviesan áreas residenciales.

Jardín Botánico (p. 133).
RADU BERCAN/SHUTTERSTOCK ©

LO MEJOR

BAR
Bar Centro Excursionista (p. 139)

ALMUERZO
Nuevo Oslo (p. 139)

MERCADO LOCAL
Mercado Rojas Clemente (p. 137)

TAPAS
Bar Ricardo Clemente (p. 138)

JARDÍN
Jardín Botánico (p. 133)

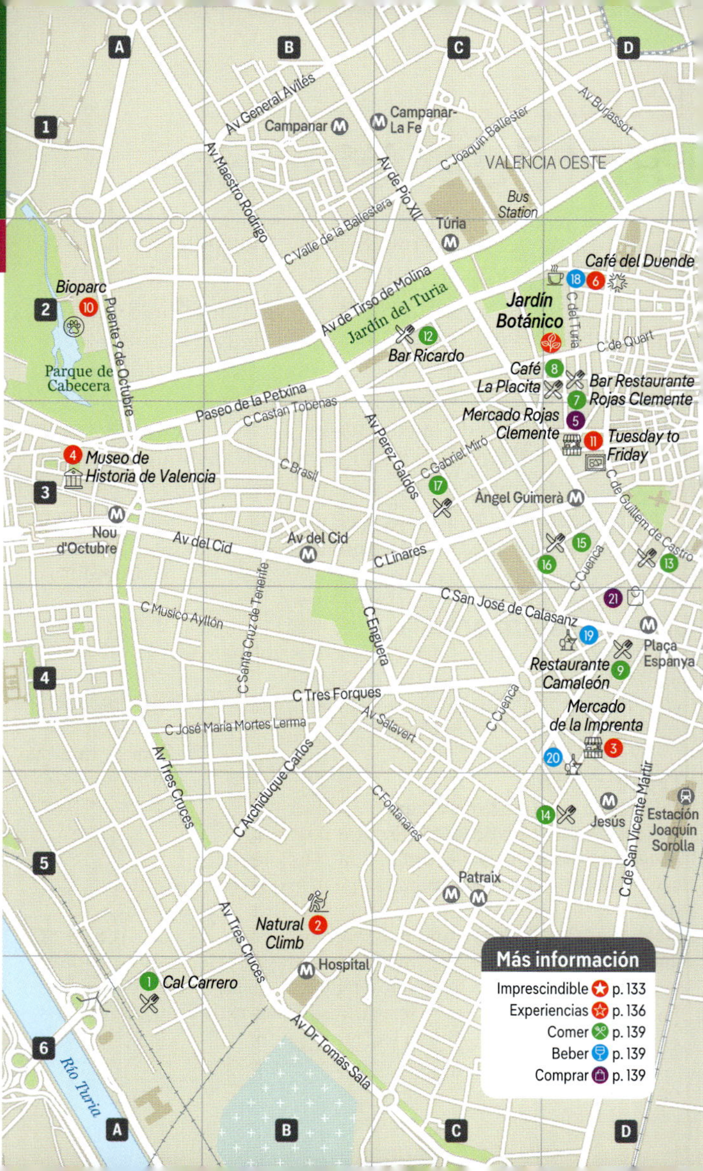
A
B
C
D
1
2
3
4
5
6
Av General Avilés
Campanar
Campanar-La Fe
Av Burjassot
C Joaquín Ballester
VALENCIA OESTE
Av Maestro Rodrigo
Av de Pío XII
Bus Station
C Valle de la Ballestera
Túria
Café del Duende
18
6
Biopare
10
Av de Tirso de Molina
Jardín del Turia
Jardín Botánico
C del Túria
12
Bar Ricardo
C de Quart
Puente 9 de Octubre
Parque de Cabecera
Café La Placita
8
Bar Restaurante Rojas Clemente
7
Paseo de la Petxina
C Castán Tobeñas
Mercado Rojas Clemente
5
11
Tuesday to Friday
Av Pérez Galdós
4
Museo de Historia de Valencia
C Brasil
C Gabriel Miró
17
Àngel Guimerà
C de Guillem de Castro
Nou d'Octubre
Av del Cid
Av del Cid
15
16
13
C Linares
C Cuenca
21
C San José de Calasanz
C Músico Ayllón
C Santa Cruz de Tenerife
C Enguera
19
Plaça Espanya
Restaurante Camaleón
9
C Tres Forques
Av Salavert
C José María Mortes Lerma
C Cuenca
Mercado de la Imprenta
3
20
Av Tres Cruces
C Archiduque Carlos
C Fontanares
C de San Vicente Mártir
14
Jesús
Estación Joaquín Sorolla
Patraix
Natural Climb
2
Av Tres Cruces
Hospital
1
Cal Carrero
Av Dr Tomás Sala
Río Turia
Más información
Imprescindible p. 133
Experiencias p. 136
Comer p. 139
Beber p. 139
Comprar p. 139

★ IMPRESCINDIBLE

Jardín Botánico

Situado en un plácido rincón del centro urbano, el Jardín Botánico atesora una fascinante historia que hunde sus raíces en el s. XVI. Yendo hacia el oeste se desvela este reconfortante remanso de paz, ideal para pasear por la mañana o al atardecer (abre hasta las 20.00).

PLANO: P. 132 **D2**

Historia breve

Este espacio fundado en 1567 cambió de ubicación en varias ocasiones hasta que, en 1802, se instaló definitivamente en el lugar donde hoy se encuentra, utilizado a lo largo del s. XIX para impartir clases de botánica. Tras vivir un largo proyecto de restauración que concluyó en el 2000, se recuperó el recinto y se añadieron nuevos elementos, como su invernadero de orquídeas y plantas carnívoras. Hoy, sus investigadores trabajan para conservar especies amenazadas de flora valenciana y se organizan talleres dirigidos a la siguiente generación de botánicos.

Explorar el jardín

La entrada de la **calle de Quart** *(adultos 3 €, 7-16 años 1,60 €)* conduce a la Escuela Botánica, la colección más antigua del jardín, donde árboles de 180 años proporcionan sombra. Serpenteando entre palmeras se llega a un bonito conjunto de edificios e invernaderos donde se observan orquídeas rosas suspendidas del techo y los enrollados brotes de los helechos. Los niños quedarán prendados de los peces del estanque central mientras las parejas de enamorados se acaramelan en los bancos al sol. No hay que perderse la colonia de gatos que reside entre las plantas.

CONSEJO

En días laborables organizan, por 7,50 €, una visita guiada de 2 h y un taller de siembra; reservas a través de *gab. didactica@uv.es.*

Escanea este código QR para horarios y eventos.

CIRCUITO A PIE

Paseo por el oeste de Valencia

Esta ruta pasa por lugares donde las abuelas juegan al pimpón en la calle y junto a terrazas abarrotadas a la hora del almuerzo. El mercado es fantástico. Los puntos de interés están desperdigados, y las calles que los separan no siempre son pintorescas, pero aun así vale la pena recorrer este barrio de lo más terrenal.

INICIO	FINAL	DURACIÓN
Jardín Botánico	Mercado de la Imprenta	2,6 km; 30 min

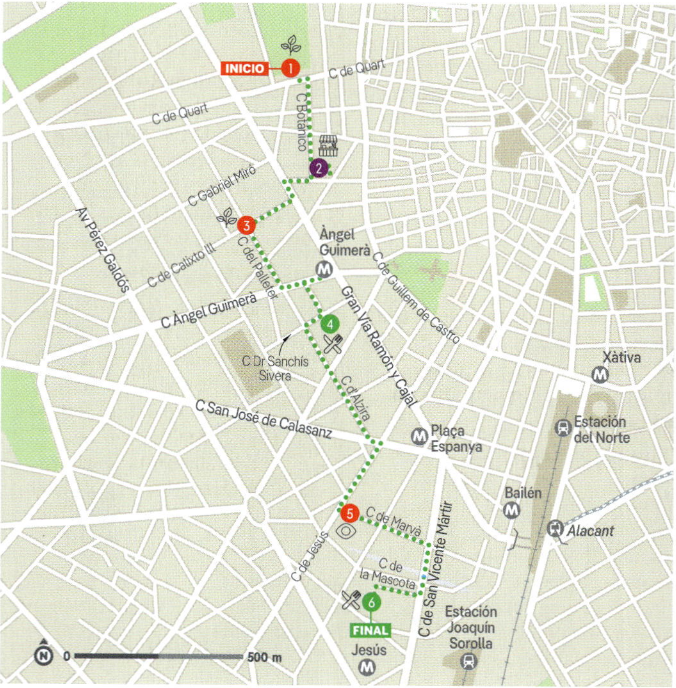

1 Bendita exuberancia

La ruta se inicia en el **Jardín Botánico** (p. 133), un frondoso oasis, creado en 1802, que fue el primero de su clase en España. Tras pasear entre su jardín de cactus, se puede pasar el rato viendo la colonia de gatos que aquí reside.

2 Mercado local

Tras cruzar hacia la calle Botánico, se continúa hasta otear el tejado curvo del **mercado Rojas Clemente** (p. 137). Dentro se puede comprar un *cold brew* en Kibok Café y unos melocotones orgánicos para llevar en Terra i Xufa. Hay una zona de juegos enfrente, y el Bar Restaurante Rojas Clemente sirve sublimes almuerzos de lunes a viernes.

3 Tranquila plaza

Se cruza la Gran Vía y se toma la calle de Calixto III, una arbolada calle peatonal en su mayor parte. El hartazgo por los coches llevó a los vecinos de La Petxina a instalar maceteros, bancos y un par de mesas de pimpón en lo que se conoce como **la supermanzana de la Petxina.**

4 El rey del almuerzo

Superada la Bodega Valero, se sigue por la vía principal. El paso de peatones está a la izquierda, algo más alejado, debido al paso subterráneo, así que hay que cruzar y luego enfilar hacia la calle del Poeta Jacint Verdaguer, al final de la cual se encuentra **Nuevo Oslo** (p. 139), un bar con terraza que sirve unos bocadillos sensacionales.

5 Arquitectura emblemática

Saliendo del bar hacia la izquierda, se toma la primera calle a la izquierda. En la segunda calle a la izquierda se halla la librería Bangarang (p. 139). Tras cruzar la Gran Vía, se va hacia la calle de Jesús. Recorridos 200 m, se aprecian los ladrillos rojos y las torretas verdes de la **Finca Roja,** rodeada de tierras de labranza en la década de 1930, cuando fue construida. En su día fue un proyecto revolucionario que ofrecía viviendas de lujo a precios asequibles a la clase media-baja trabajadora.

6 Mercado moderno

Se sigue la calle de Marvà y, luego, se gira a la derecha por la calle principal. Tras pasar junto a varios edificios de oficinas, se tuerce a la derecha por una callejuela -situada junto a la tienda Cápsulas de Café- que recala en el **mercado de la Imprenta,** donde el paseo culmina con un vermú rosado de Benvolgut.

EXPERIENCIAS

Dar con los mejores bocadillos RESTAURANTE

PLANO: 1 P. 136 **A6**

A 10 min de paseo de la estación de metro de Sant Isidri, **Cal Carrero** *(calcarrero.es)* es un establecimiento regentado por Bernardino Ortí, su dueño de cuarta generación. En el 2010 decidió dotar de un aspecto renovado al antiguo taller de carretas construido por su bisabuelo, convirtiéndolo en uno de los mejores sitios de la ciudad para almorzar. Junto a la entrada hay un carromato que recuerda la historia del lugar, mientras en su interior la algarabía se entremezcla con el sonido producido al quitarle la cáscara a los cacahuetes.

Abre para desayunar y cenar, pero el almuerzo es lo que suscita mayor interés: a las 11.00 siempre hay cola. Hay quienes vienen de la otra punta de la ciudad para probar sus crujientes *baguettes* rellenas de salchichas frescas guisadas con cerveza. El almuerzo completo *(7 €, 6 € por media* baguette*)* incluye cacahuetes, encurtidos, cerveza, café y un descomunal bocata.

Escalar las paredes de Natural Climb CENTRO DE ESCALADA

PLANO: 2 P. 136 **B5**

En un rincón del barrio de Patraix está **Natural Climb** *(naturalclimb.es, 11,45 €)*, punto de encuentro predilecto de escaladores y aficionados al búlder locales. Basta alquilar unos pies de gato y comprar tiza líquida antes de atreverse a superar sus puntos de escalada, pensados tanto para veteranos como para principiantes. Hay, además, un muro de escalada al aire libre con un voladizo brutal.

A los niños les gusta mucho la enorme cabeza de mono llena de puntos sencillos. Por la tarde da la sombra y es más fácil de acometer; por la mañana hay menos gente y la entrada es más económica *(9,40 €)*.

Descubrir una majestuosa antigua imprenta MERCADO DE COMIDA

PLANO: 3 P. 136 **D4**

Con más de 20 puestos de comida repartidos en un antiguo espacio fabuloso, el **mercado de la Imprenta** *(mercadodelaimprenta.com)* acaparó los titulares cuando abrió sus puertas en el 2023 como el mayor centro gastronómico de Valencia. Hoy, la impresionante Imprenta Vila –construida en 1908 y, por ende, anterior en el tiempo al popular Mercado Central– merece una pausada visita. Tras explorar el regio edificio que ocupa y observar las prensas originales, lo indicado es tomarse un vermú con unas *gildas*.

Ahondar en la historia de Valencia MUSEO

PLANO: 4 P. 136 **A3**

El **Museo de Historia de Valencia** *(mhv.valencia.es, 2 €, gratis do)* ocupa un evocador depósito de agua decimonónico con un punto ligeramente inquietante. Entre columnas de piedra y salas cavernosas, repasa con sumo detalle más de 2000 años de historia local.

Algunas muestras cuentan con pantallas táctiles que activan vídeos cortos en varios idiomas. La pieza más impresionante es probablemente una sección de un mosaico romano situado al final de la sala principal: una obra maestra, con motivos geométricos y florales, en cuyo centro se observa la cara de Medusa.

Visitar un mercado de abastos local

MERCADO

PLANO: 5 P. 136 **D3**

Sobrio y de ambiente tranquilo, el **mercado Rojas Clemente** *(@mercado_rojasclemente, cerrado do)* data de 1963 y en su interior hay un puñado de puestos que vende excelentes productos locales. **Kibok Café,** junto a una sencilla zona infantil, es un agradable café que despacha granos de tueste artesano y, también, cuando aprieta el calor, *cold brews* y *affogato* (café con helado). Cabe esperar cepillos de dientes ecosostenibles de madera y jabones artesanales en **Aigua Viva,** mientras que **Terra i Xufa** vende sandías e higos de su cercano huerto ecológico, además de briks de horchata casera.

Si se visita entre semana, una buena idea es hacerse con una mesa en la terraza del **Bar Restaurante Rojas Clemente,** conocido por sus bocadillos y torrijas de chocolate.

Ver un espectáculo de flamenco

FLAMENCO

PLANO: 6 P. 136 **D2**

Aunque el flamenco no nació en Valencia, en la ciudad no faltan talentosos artistas locales y hay

LOS MEJORES RESTAURANTES CERCANOS A PARQUES

Bar Restaurante Rojas Clemente

PLANO: 7 P. 136 **D2**

La mañana de los días de semana está hecha para el Bar Restaurante Rojas Celemente, donde los padres disfrutan con bocadillos mastodónticos mientras los peques juegan en el columpio anejo.

Café La Placita

PLANO: 8 P. 136 **D2**

La plaza de San Sebastián, donde se encuentra, no será grande, pero sí bonita. Y los huevos rotos que aquí sirven son muy apreciados. Queda cerca del Jardín Botánico.

Restaurante Camaleón

PLANO: 9 P. 136 **D4**

Los niños harán nuevos amiguitos en un pispas en el enorme parque contiguo. En el restaurante sirven tapas con un toque moderno. Más indicado para ir con niños mayores, pues hay una calle entre el parque y la terraza.

varias salas dedicadas a él. El **Café del Duende** *(cafedelduende.com, entrada 18 €, consumición incl.)* es uno de los mejores escenarios: de ambiente íntimo, quienes se sienten en las filas delanteras sentirán incluso el revolotear de las faldas.

No se hacen reservas; las entradas se venden en la puerta antes del espectáculo *(desde 20.30 ju, 21.00 vi y sa, y 19.00 do)*. Se agotan en cuestión de minutos, de ahí que convenga llegar temprano. Con frecuencia realizan dos espectáculos por noche.

Pasear entre lémures

PARQUE ZOOLÓGICO

PLANO: 10 P. 136 **A2**

Inaugurado en el 2008, **Bioparc** *(bioparcvalencia.es, 30 €)* es un enorme parque zoológico hábilmente diseñado para que los visitantes disfruten de una experiencia inmersiva; las barreras tradicionales, p. ej., han sido remplazadas por arroyos y lagos. Se puede caminar por la sabana africana entre rinocerontes y antílopes, o descubrir los humedales de Kenia junto a cocodrilos e hipopótamos. En la zona de Madagascar, lémures de cola larga corretean entre los tobillos de los visitantes. También se verán gorilas y, quizá, a *Makena*, la primera cría de elefante nacida en Valencia.

Encontrar un solitario centro artístico

GALERÍA

PLANO: 11 P. 136 **D3**

Para una experiencia en clave artística más informal, se recomienda acercarse a **Tuesday to Friday** *(tuesdaytofriday.com, gratis)*, en las lindes del centro urbano, muy a mano del barrio del Carmen. Se trata de un pequeño espacio donde se exhibe la obra de prometedores artistas de todo el orbe, poniendo de relieve la era digital y las cambiantes relaciones sociales.

Entre sus exposiciones pasadas está *Summer Mix Vol. 1,* una muestra grupal en la que cada artista aportó un lienzo inspirado en su canción de verano preferida; al margen del arte, se obsequió a los visitantes con una sensacional casete con una selección de temas.

Probar marisco de categoría superior

BAR DE TAPAS

PLANO: 12 P. 136 **C2**

El **Bar Ricardo** *(barricardo.com, cerrado do y lu)* es otro fantástico bar de tapas, en este caso especializado en marisco y cocina de altos vuelos, con un servicio impecable y una carta, extensa.

No hay que irse sin probar clásicos valencianos como el *all i pebre* (ajo y pimentón) de anguila y sus delicadas *tellinas* (coquinas). Se dice que sirven las mejores patatas bravas de Valencia. Para estar en medio de la acción, lo ideal es reservar una mesa alta junto a la barra de la planta baja.

Lo mejor para...

€ Económico €€ Medio €€€ Alto

Localizaciones en el plano de la **p. 132**

Comer

'Brunches' y cocina moderna

Casa Capicúa €
13 D3
Bar con ilustraciones de artistas locales y azulejos de terracota en tonos terrosos. Hay que probar el *brunch* mediterráneo. *8.30-16.30 lu-vi, 19.00-22.00 ju, 9.30-16.00 sa*

El Observatorio €€
14 D5
Prodigiosa experiencia culinaria. Tortitas y pollo frito para el *brunch* y *ramen* para cenar. *10.00-1.00 mi-sa, hasta 17.00 do*

Tapas y clásicos

Nuevo Oslo €
15 D3
Raúl es el autoproclamado rey del almuerzo. Sus bocadillos XL obligan a echarse la siesta. *8.00-17.00 lu-vi, hasta 13.00 sa*

Bar Cassalla €€
16 C3
Inmaculada versión moderna del bar de toda la vida. Elegancia retro y una tarta de queso cremosísima por dentro. *9.30-1.00 lu-vi, hasta 0.30 sa y do*

'Mochis' y tés

Mochisan
17 C3
Café especializado en *mochis* caseros y batidos de *matcha*. Hay que probar el *mochi* relleno de *mousse* de chocolate blanco. *16.00-21.00 ma-ju, 11.00-14.00 y 16.00-21.00 vi y sa*

Beber

Café y gatos

La Fábrica de Huellas
18 D2
Los viajeros podrán ir con su mascota a tomarse algo rico en la cafetería o reservar una franja horaria para disfrutar de la compañía gatuna. *17.00-20.30 mi-vi, 11.00-14.00 y 17.00-20.30 sa y do*

Bares musicales

Bar Centro Excursionista
19 D4
La diversión está garantizada en este bareto con escenario en el que no faltan las palomitas ¡ni las batallas de aspiradores Roomba! *17.00-24.00 mi y ju, 18.00-3.00 vi y sa*

Hifi
20 D4
Sede permanente del prodigioso colectivo local de música *house* The Basement. Su equipo de sonido promete desde ritmos brasileños cortesía de John Gómez a funk de Jean Cloud. *18.00-3.30 vi y sa*

Comprar

Libros y cómics

Bangarang
21 D4
Novelas gráficas y cómics de *manga* insuflan color a esta librería minimalista que tiene la sofisticada revista *Kinfolk*. *10.00-14.00 y 16.30-20.00 lu-sa*

★ MERECE LA PENA

Una ruta vinícola por Requena

El centro medieval de Requena (a 68 km de Valencia) constituye una sensacional base para abordar las bodegas de esta región histórica. Sus angostas callejas se retuercen mostrando los vetustos muros de las casas adosadas. Aquí, además, se tendrán sobradas oportunidades para conocer la uva tinta local: la contundente bobal.

CONSEJO
Lo mejor es ir en coche a Requena *(1 h)*. Como alternativa, en la estación de Valencia Nord se puede tomar un tren que cubre el pintoresco trayecto en menos de 2 h.

Probar los vinos de la tierra

En las bodegas de Requena y la vecina Utiel elaboran unos vinos fabulosos que han ido perfeccionando a lo largo de los siglos. Los cartagineses fueron los primeros en obtener vino en la región, hacia el s. VII a.C., y la producción ha continuado desde entonces. La bobal es la estrella. Hay, además, bodegas con sofisticadas salas de catas e incluso hoteles entre viñedos. En una pintoresca plaza del casco antiguo de Requena, la antigua cava de **Murviedro** almacena tinajas del s. XVIII. Escaleras arriba, la guía Verónica descorcha sus botellas preferidas, como un rosado con aroma a frutos rojos; el circuito *(15 €)* incluye cinco copas, charcutería y una botella de su tinto clásico para llevar a casa. Si apetece prolongar la estancia, **Los Canilleros** *(loscanilleros.com, 100 €)* tiene habitaciones perfumadas con sándalo y artículos de aseo de Clinique.

Escanea este código QR para reservar una sesión de catas.

Explorar Requena

Se recomienda hacer coincidir la visita con la **Fiesta de la Vendimia** *(fin ago)*, cuando los trajes típicos, los bailes y la música invaden la localidad. La mejor forma de visitar los pequeños museos del casco antiguo es con una entrada conjunta (a la

Viñedo.
ABB PHOTO/SHUTTERSTOCK ©

venta en la oficina de turismo). Entre sus principales reclamos figuran el techo acristalado de la remodelada **iglesia de San Nicolás** y las **cuevas de la Villa** (una red de cavas de origen árabe).

Ir más allá

Como mejor se exploran las bodegas circundantes es en coche. En la bodega **Chozas Carrascal,** Paula ofrece un cálido recibimiento. Esta moderna *finca* organiza las mejores **visitas guiadas** *(18 €, 4 copas incl.),* complementadas por una vistosa sala de catas y apartadas terrazas. La sostenible **Bodega Sierra Norte** es un referente en cuanto a producción ecológica: su futurista sala de catas está rematada por un tejado en el que brotan flores. Las catas *(15 €)* van acompañadas de unas vistas espectaculares; lo mejor es ir durante la puesta de sol. Muy recomendable su hotel solo para adultos.

UNA PAUSA
El evocador comedor de **El Yantar La Cocina de Pilar** invita a paladear refinados platos tradicionales como alcachofas confitadas o *carpaccio* de manitas de cerdo.

valenb
01616

Guía práctica

Bicicleta de alquiler de Valenbisi.
RRRAINBOW/SHUTTERSTOCK ©

Viajar en familia

En Valencia hay un sinfín de opciones para mantener entretenidos a los niños que viajen con sus padres, desde la amplia oferta de parques y zonas recreativas a los fascinantes museos adecuados para familias.

¿Es Valencia un buen destino familiar?
Con grandes zonas verdes, calles peatonales y parques infantiles, la capital del Turia es fácil de explorar en familia.

Comer fuera

La mayoría de los restaurantes se esmera en la atención a los peques. Quienes en casa no se rijan por los horarios habituales siempre encontrarán una alternativa. Divertidas propuestas con cocina en funcionamiento todo el día, como **Mercader** (p. 128), **Mercabanyal** (p. 127) o **Bar & Kitchen** (p. 63), son buenas opciones para aplacar el apetito.

ZONAS RECREATIVAS INFANTILES

Ajenos al bullicio urbano hay decenas de parques en los que los niños pueden estirar las piernas, muchos de ellos con columpios y cafés.

Escanea este código QR para los parques más cercanos.

Parques acuáticos

Una buena opción ante el sofocante calor son los parques acuáticos, incluidos Piscina Park de Benicalap y Piscina Parc de l'Oest (foto).

Viajar con niños

En el metro no pagan los menores de 9 años, y en el autobús, los menores de 6 años.

Instalaciones

Aunque en los bares y restaurantes de toda la vida a veces hay cambiadores de plástico, no es problema cambiar los pañales en el cochecito. El **Mercat Central** (p. 56) y **El Corte Inglés** tienen salas de lactancia e instalaciones de primera.

Alojamiento

Desde albergues económicos a establecimientos *boutique* en primera línea de playa, la oferta hotelera de Valencia ha mejorado exponencialmente. Las tarifas más atractivas se publican con meses de antelación.

Si te gusta...

Calles históricas y reclamos atractivos

Norte de Ciutat Vella (p. 51) Edificios de piedra color miel, una elegante catedral y el sublime Mercat Central. El alojamiento es más caro pero todo queda muy a mano.

IMPRESCINDIBLE

Nos encanta...

Zona marítima (p. 121) En tiempo reciente han abierto maravillosos hoteles y apartoteles independientes que quedan a tiro de piedra de la playa. Proliferan los cafés y restaurantes de iniciativa local, y aunque solo queda a unas cuantas estaciones de metro de la oferta de bares de Russafa, el descanso nocturno está garantizado.

Edificios señoriales y restaurantes de categoría

Sur de Ciutat Vella (p. 35) Avenidas y bares alrededor de la plaza del Ayuntamiento. Hoteles de lujo en su mayoría, albergues y alojamientos *boutique* cerca de la estación.

CUÁNTO CUESTA

Cama en dormitorio colectivo **25 €**

Habitación doble en hotel-*boutique* **120 €**

Habitación doble en hotel de Ciutat Vella **desde 160 €**

Arte callejero, callejas sinuosas y bares geniales

Barrio del Carmen (p. 71) Desaliñado y alternativo, con excelentes cócteles y tapas. Apartamentos y alojamientos con desayuno incluido. Se palpa el malestar de los vecinos con Airbnb.

Galerías independientes y restaurantes de primera

Russafa (p. 95) Creativo y artístico, no faltan cafés *cool*, tiendas *vintage* y bares eclécticos. Preciosos hoteles-*boutique*. Alboroto nocturno.

Enotecas vistosas y edificios modernos

L'Eixample y sur de Valencia (p. 81) Refinados y más apacibles, con encantadoras vinotecas. Oferta hotelera más económica pero más retirada de la acción.

Comida, bebida y fiesta

Alergias e intolerancias

Pese a que Valencia está adecuándose progresivamente a las personas con alergias e intolerancias, todavía quedan cosas por mejorar. Y aunque en muchos bares y restaurantes modernos se indican en la carta las posibles intolerancias de cada plato, siempre es conveniente hacérselo saber al personal.

Reservar mesa

Las comidas se disfrutan lánguidamente, sin prisas. Los restaurantes no suelen hacer varios turnos, de manera que si se ha reservado una mesa, se dispondrá de ella toda la velada. Eso es ideal si se ha hecho una reserva; no así en caso contrario. Que nadie se ofenda si no admiten al viajero en un local con mesas libres.

Agua de Valencia

Dulce y chispeante, el agua de Valencia es el cóctel estrella de la ciudad. Con cava, ginebra, vodka y zumo de naranja, anima cualquier velada.

Cómo pagar la cuenta

Rara vez se lleva la cuenta a la mesa hasta que no se pide; en cambio, en los lugares más turísticos y concurridos, a veces se presenta por adelantado.

Dividir la cuenta En general, no hay inconveniente en que los comensales paguen por separado.

Pagar Se paga en efectivo o con tarjeta.

Propinas Aunque no se esperan, tampoco son algo inusitado. En los restaurantes a veces se deja en torno al 5-10% para premiar un buen servicio. En bares, cafés y hoteles rara vez se deja propina.

PRECIOS

Los indicadores usados se refieren al precio medio de un plato principal.

€ hasta 12 €
€€ entre 12 y 20 €
€€€ más de 20 €

HORARIOS

Cafés 9.00-20.00

Restaurantes 13.00-15.00 y 20.30-24.00

Bares 18.00-1.30 o más tarde

Salir

Clubes La oferta noctámbula es bastante informal. En los barrios alrededor del centro urbano hay discotecas instaladas en antiguos almacenes y, en el casco antiguo, varias salas de tamaño reducido. 16 Toneladas (p. 115) y Radio City (p. 67) son dos divertidas opciones para una noche de punk/*rock*.

Adónde ir Russafa es ideal para ir de bar en bar. Las calles se llenan de gente que alterna hasta las tantas entre cervecerías artesanas y coctelerías. Si apetece bailar hay un par de discotecas, como Oven Club, en las lindes de Russafa, abiertos hasta las 7.00.

Cuándo ir a bailar En las discotecas y salas de música, el cotarro no se anima hasta más o menos la 1.00. Quienes no puedan quedarse hasta tarde pueden recurrir al incipiente "tardeo", que arranca a las 17.00-18.00. Muy recomendables las sesiones del sábado de Palau Alameda.

CUÁNTO CUESTA

Café
2,50 €

Caña de cerveza
1,50 €

Copa de vino
desde 2,50 €

Cóctel
desde 6 €

Patatas bravas
desde 6 €

Bocadillo
desde 5 €

Paella (por comensal, mín. 2)
desde 15 €

Comunidad LGTBIQ+

Aunque sin barrios gais como en Madrid y Barcelona, en Valencia reina una mentalidad abierta, máxime en las zonas más a la última.

Barrios y locales de ambiente

Barrio del Carmen En el barrio *hipster* primigenio de Valencia hay montones de lugares acogedores. Entre los locales de ambiente figuran Trapezzio Café, con su enorme terraza con vistas a una plaza, y la coctelería El Cafetín.

Russafa Todo es posible en Russafa, el barrio más vibrante y artístico de la ciudad. Barber Club y Planet Valencia acogen populares noches de baile.

Playa de la Patacona Por la más apacible y liberal zona próxima a las playas de Valencia hay vistosos lugares para tomar un *brunch* y chiringuitos.

Calle del Crist del Grau Esta coqueta calle de El Grau es un microcosmos de bares y *pubs* de ambiente, como la diminuta Barbería del Grao y la encantadora Fábrica del Grao. Cruzando la calle se encuentra The Artist Bar Valencia.

IMPRESCINDIBLE

Según el día

LUNES
Clases de tango para gais en el Lab Espai Cultural de Benimaclet.

MARTES
Tomar un agua de Valencia en el Café de Las Horas.

MIÉRCOLES
Cenar en Anita Giro.

JUEVES
Noche de *drags* en La Barbería del Grau.

SÁBADO
Cócteles en The Artist Valencia antes de ir a bailar al Deseo 54.

DOMINGO
Unos tragos en La Boba y el Gato Rancio.

ORGULLO

Al cierre de esta guía, el Gobierno del PP de la Comunitat Valenciana estaba enfrentado con las organizaciones LGTBIQ+ locales, que a su vez se habían desmarcado de los eventos oficiales con motivo del Orgullo Gay.

PROTESTAS DEL ORGULLO

Pese a las desavenencias con el Gobierno regional, la comunidad LGTBIQ+ no pierde fuelle ni deja pasar la oportunidad de celebrar las fiestas del Orgullo, en torno al 28 de junio.

Recursos

- **contralalgtbifobia.es** Brinda apoyo a víctimas de ataques homóbos.
- **araenvalencia.org** Comunidad de personas con relaciones no normativas.
- **felgtbi.org** Hace campaña por los derechos LGTBIQ+.

Salud y seguridad

Valencia tiene una tasa de criminalidad inferior a la de Barcelona o Madrid; sus calles normalmente son seguras de noche.

FARMACIAS

Son fácilmente identificables –gracias a sus letreros luminosos con una cruz verde iluminada– y tienen prácticamente de todo. Si no disponen de un medicamento o producto sanitario, lo indicado es preguntar: en la trastienda guardan un sinfín de artículos, desde tampones a cepillos de dientes.

Robos y estafas

Aunque los hurtos no son habituales, sí puede haberlos en las zonas turísticas. Las playas y lugares como el Jardín del Turia son los lugares preferidos de carteristas. En ningún momento hay que perder de vista las pertenencias. Una de las estafas más habituales es reclamar dinero al viajero tras supuestamente haberle regalado algo (fotos, romero, etc.). Algunos bares o restaurantes añaden a la cuenta artículos que nadie ha pedido; comprobar siempre la factura.

Agua del grifo

Es potable y, también, bastante dura, por sus altas cantidades de calcio y minerales.

Sofocante calor

Hay que protegerse ante el sol de mediodía y en julio y agosto evitar las horas centrales del día. Como alternativa, centros comerciales como, p. ej. El Saler, cuentan con zonas recreativas, cines y cafés climatizados, ideales para escapar del calor.

MOSQUITOS

Si bien el mosquito tigre es un potencial transmisor de enfermedades, las picaduras de estos en el 2024 se redujeron tras liberarse 1,3 millones de ejemplares estériles. Mejor llevar repelente.

A TENER EN CUENTA

Alcohol
Está prohibido su consumo en la vía pública, los parques y las playas.

Cannabis
No se considera delito el consumo, la posesión (hasta 100 gr) y el cultivo para consumo propio; hay clubes privados donde se puede fumar.

Turismo responsable

Consejos para dejar menos huella, apoyar lo local y beneficiar a las comunidades.

Salirse de lo habitual

Las atracciones más populares (Mercat Central, catedral, etc.) están muy concurridas. Una buena forma de no contribuir al fragor turístico es explorar más allá del centro, yendo de compras al animado mercado de Russafa (foto; p. 97), saliendo de parranda por Arrancapins (Bar Centro Excursionista) o por Benimaclet, con grupos en directo y sesiones de poesía en el Kaf Café. Son una manera genial de extender los beneficios asociados al turismo, reducir las aglomeraciones y vivir experiencias formidables.

Reciclar

Es la norma, y lo facilita el hecho de que haya diferentes contenedores de reciclaje, algunos con códigos QR que habrá que escanear.

IMPRESCINDIBLE

Limpiar las playas

Bioagradables *(bioagradables.org)* organiza batidas para limpiar el litoral de residuos, además de ofrecer recomendaciones de restaurantes veganos en su perfil en Instagram *(@bioagradables)*.

Moverse en bici

Con carriles-bici del Jardín del Turia a la playa y separaciones entre los ciclistas y el tráfico motorizado, este medio de transporte constituye una forma fácil y sostenible de explorar la ciudad. Entre la amplia oferta de agencias que alquilan bicis destaca Happy Tourist Centre *(happytouristcenter.com, 12 €/día)*, con unidades modernas y bien mantenidas.

Recursos

- **missionsvalencia.eu** La ciudad pretende tener varios barrios neutros en carbono en el 2030.
- **firaalternativavalencia.com** Feria en torno a la ecología, celebrada en junio.
- **perlhorta.info** Grupo ecologista local muy activo.

CAPITAL VERDE EUROPEA

Valencia recibió en el 2024 este galardón tras haber lanzado varios proyectos en pos del turismo sostenible y la restauración de los ecosistemas locales. Varios barrios de la ciudad aspiran a ser neutros en carbono en el 2030.

Proteger la cultura gastronómica

Los visitantes pueden contribuir a fomentar la economía local y a conservar la cultura culinaria valenciana comiendo en restaurantes independientes y establecimientos de gestión familiar. Es tan sencillo como almorzar en La Pérgola, pedir una paella en La Pepica o comprar fruta ecológica en Terra i Xufa. También cabe probar las *pizzas* a base de ingredientes de proximidad de Pizzería Km0, o la horchata elaborada con chufas ecológicas de Casa Orxata. Al visitar el Mercat Central mejor apoyar los puestos de gestión local: mostrando conciencia a la hora de consumir se ayuda a que las tradiciones perduren en el tiempo.

FUENTES PARA BEBER

Cuando uno tenga sed, en vez de comprar botellas de plástico, lo indicado es rellenar una botella o cantimplora en alguna de las 50 fuentes con agua filtrada fresca que hay repartidas por la ciudad.

Escanea este código QR para la ubicación de las fuentes para beber.

El cambio climático y los viajes

Es imposible ignorar el impacto de nuestros viajes y la importancia de hacer cambios. Lonely Planet anima a todos los viajeros a involucrarse en su huella de carbono. Muchas webs de líneas aéreas y sitios de reservas ofrecen la opción de compensar el impacto de los gases de efecto invernadero realizando donaciones para iniciativas respetuosas con el clima en todo el mundo.

Varias calculadoras en línea permiten saber las emisiones de carbono que genera un viaje; véase, p. ej., las **calculadoras de la ONU o de la OACI.**

Accesibilidad

Transporte público

Valencia es, gracias a su eficiente red de transportes, una de las ciudades con mayor accesibilidad del mundo. Todas las estaciones de metro, salvo València Sud, tienen rutas adaptadas, con rampas y ascensores. Son también accesibles los autobuses, dotados de rampas eléctricas y zonas reservadas para viajeros en silla de ruedas.

Monumentos en miniatura

Junto a la catedral se encuentra L'Almoina, un museo subterráneo con réplicas a escala de monumentos para disfrute de los viajeros invidentes. La mini catedral de Valencia tiene información en braille a un lado, y la estatua de la plaza de la Almoina ilustra la antigua disposición romana.

TAXIS ACCESIBLES

Tele Taxi *(teletaxi valencia.com, 963 57 13 13)* dispone de vehículos aptos para silla de ruedas. La *app* de Cabify ofrece la posibilidad de ayudar al viajero a subirse al vehículo.

Tortuosas calles

En los barrios del Carmen y Ciutat Vella hay empedrados y/o pavimentos irregulares y angostos que pueden entrañar dificultad para los viajeros en silla de ruedas. Fuera del casco antiguo, las calles son anchas y lisas.

IMPRESCINDIBLE

Todo el mundo puede disfrutar de la playa. Las personas con discapacidades han de dirigirse a la entrada accesible situada en la prolongación de la calle del Pintor Ferrandis (cerca de Mercabañal). Allí hay plaza de aparcamiento para discapacitados y rampas de madera que conducen a una plataforma con sombra en plena arena. Asimismo, el personal de la Cruz Roja ofrece ayuda a los bañistas que lo precisen todos los días de 11.00 a 19.00; tienen desde sillas de ruedas flotantes a muletas aptas para el baño. Es gratis y no hay que reservar previamente.

AYUDA EN EL AEROPUERTO

Para recibir asistencia en el aeropuerto de Valencia hay que solicitar dicho servicio a Aena *(aena.es, 913 21 10 00)* con 48 h de antelación.

Recursos

- **visitvalencia.com/valencia-accesible** Visit Valencia dispone de una exhaustiva guía con restaurantes, eventos, hoteles y atracciones accesibles.

Lo esencial

Horario comercial

La mayoría de los sitios cierran los festivos. En julio y agosto, muchos comercios y restaurantes tienen horarios reducidos o cierran por vacaciones.

Bancos 9.00-14.00 lu-vi

Bares 18.00-24.00 o más tarde

Cafés 9.00-20.00

Iglesias 10.30-19.00

Discotecas 23.00-7.00

Mercados 7.30-15.00

Parques 7.30-21.30

Farmacias 9.00-21.00, cerrado do

Oficinas de correos 8.30-20.30 lu-vi

Supermercados 9.00-21.30 lu-sa

A TENER EN CUENTA

Hora local GMT/UTC + 1 h (2 h en verano)

Prefijo de país +34

Emergencias 112

Población 840 000 hab.

ELECTRICIDAD

220V/50Hz

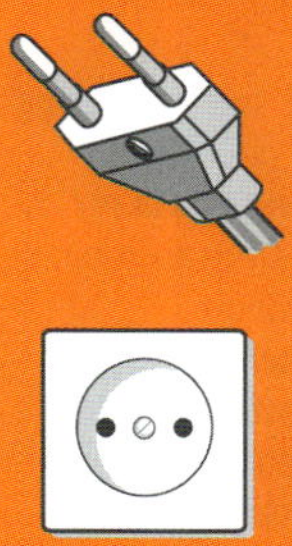

Fiestas oficiales

Año Nuevo 1 de enero

Fiesta de San Vicente 22 de enero

Fallas 17-19 de marzo

Día Internacional de los Trabajadores 1 de mayo

Fiesta de San Juan 24 de junio

Semana Santa 13–20 de abril

Día de la Comunitat Valenciana 9 de octubre

Día de Todos los Santos 1 de noviembre

Día de la Constitución 6 de diciembre

Navidad 25 de diciembre

Fumar

Está prohibido fumar en el interior de los edificios públicos y en las playas de la Patacona, la Devesa, el Saler, l'Arbre de Gos y la Garrofera; no así en las terrazas de algunos establecimientos. Quienes incumplan la norma pueden ser multados con hasta 750 €. Se está planteando la posibilidad de ampliar la prohibición a otros espacios públicos.

Idioma

Aunque nadie espera que los visitantes aprendan a hablar en valenciano durante sus vacaciones, conocer algunas expresiones puede ser de gran ayuda a la hora de establecer una conversación.

Lo básico

Hola.
Hola.

Adiós.
Adéu.

Sí./No.
Sí./No.

Por favor.
Per favor.

Gracias.
Gràcies.

De nada.
De res.

Perdón.
Perdó.

Lo siento/ Discúlpeme.
Ho sent/Disculpe'm.

Frases útiles

¿Cómo se llama? (for.)	**Com es diu?**
¿Cómo te llamas? (inf.)	**Com et dius?**
Me llamo...	**Em dic...**
No le entiendo.	**No l'entenc.**
¿Cuánto cuesta esto?	**Quant val això?**
Quisiera un billete...	**Voldria un bitllet...**
sencillo	senzill
de ida y vuelta	d'anada i tornada

Indicaciones

¿Dónde está el/la...?	**On és el/l'...?**
cajero automático	caixer automàtic
banco	banc
mercado	mercat
museo	museu
restaurante	restaurant
lavabo	lavabo
oficina de turismo	oficina de turisme
Quiero ir a...	**Vull anar a...**

¿Me puede indicar (en el mapa)?
Pot indicar m'ho al plànol?

Números

1	2	3	4	5
un	dos	tres	quatre	cinc

Tiempo

¿Qué hora es?	Quina hora és?
Son (las diez).	Són (les deu).
mañana	matí
tarde	vesprada
noche	nit
ayer	ahir
hoy	hui
mañana	demà
lunes	dilluns
martes	dimarts
miércoles	dimecres
jueves	dijous
viernes	divendres
sábado	dissabte
domingo	diumenge

DOS LENGUAS, UNA REGIÓN

Valencia y su región tienen dos lenguas oficiales: el español o castellano y el valenciano. Casi todo el mundo habla castellano con fluidez, y un número creciente de valencianos -en especial los jóvenes, que lo han estudiado como asignatura obligatoria en la escuela- también se manejan cómodamente en el idioma regional.

Emergencias

¡Socorro! Auxili!

¡Llame a la policía!
Cride a la policia!

¡Llame a un médico!
Cride a un metge!

¿Dónde están los servicios?
On són els serveis?

Estoy perdido/a. M'he perdut.

Comida

desayuno	desdejuni
comida	dinar
cena	sopar

Señalización

Abierto Obert
Cerrado Tancat
Entrada Entrada
Salida Sortida
Mujeres Dones
Hombres Homes
Prohibido Prohibit
Servicios/Aseos Lavabos
Aeropuerto Aeroport
Estación de tren Estació de tren

6	7	8	9	10
sis	set	vuit	nou	deu

Índice

Puntos de interés p. 000
Págs. de los planos **p. 000**

Véase también los subíndices:
Comer p. 158
Beber p. 159
Comprar p. 159

Comer

Beber

Comprar

La opinión del lector

Nos encanta escuchar a los viajeros, ya que con sus comentarios nos ayudan a mejorar nuestros libros. Podéis escribirnos a lonelyplanet.com/contact; leemos todos los mensajes y garantizamos que estos lleguen a los autores.

Nota: Es posible que algunos fragmentos de estos mensajes aparezcan en nuevas ediciones de las guías Lonely Planet, en la web o en productos digitales. Si preferís que vuestro contenido o nombre no sean publicados, por favor, indicadlo claramente. Para obtener una copia de nuestra política de privacidad, podéis visitar lonelyplanet.com/legal.

geoPlaneta
Av. Diagonal 662-664, 08034 Barcelona
www.geoplaneta.com – www.lonelyplanet.es

Lonely Planet Global Limited
Lonely Planet Global Limited, Digital Depot,
The Digital Hub, Dublín D08 TCV4, Irlanda
www.lonelyplanet.com
Contacta con Lonely Planet en: lonelyplanet.com/contact

Valencia de cerca
5ª edición en español – junio del 2025
Traducción de *Pocket Valencia*, 5ª edición – febrero del 2025
© Lonely Planet Global Limited
1ª edición en español – mayo del 2010

Editorial Planeta, S.A.
Av. Diagonal 662-664, 7º. 08034 Barcelona (España)
Con la autorización para la edición en español de Lonely Planet Global Limited, Digital Depot,
The Digital Hub, Dublín, D08 TCV4, Irlanda

ISBN: 978-84-08-29927-1
Depósito legal: B. 21.112-2024
Impresión y encuadernación: Unigraf
Printed in Spain – Impreso en España